「今、ここ」にある幸福

HAPPY TO BE HERE NOW

岸見一郎

清流出版

目次

【第一章】今、この瞬間から幸せになれる

幸福に「なる」のではなく、幸福で「ある」——10

まず自分が幸福に——15

自分の幸福が他の人を幸福にする——20

人生の目標を幸福に見出す——25

日々生きていることの幸福——30

コラム・アドラーの教え❶「勇気」を持つことで人は変われる——35

コラム・アドラーの教え❷「今、ここを生きる」ことの意味——36

【第2章】

今日一日のためだけに生きる

毎日を丁寧に生ききる――38
ありのままの自分に価値を見出す――43
「自分のため」が他者貢献に――48
読書が人生を豊かにする――53
吟味されない人生は生きるに値しない――58
「持つ」ことと「ある」こと――63
コラム・アドラーの教え❸ 幸せとは「貢献感」――68

【第3章】

生きる喜びは、人との関わりの中で生まれる

「今、ここ」を、共に生きる――70
他者は敵ではなく仲間――75

人の課題に土足で踏み込まない ―― 80
真の親子関係を築くために ―― 85
一人の人間として相手と向き合う ―― 90
決断する勇気 ―― 95
相手の「今」に寄り添う ―― 100
他人の言動によい意図を見出す ―― 105
コラム・アドラーの教え❹ ダンスをするように今を生きる ―― 110

【第4章】希望が人生を拓き、人生を変える

希望を失うことはできない ―― 112
喜びは人を結びつける ―― 117
「好きなこと」が生きる力に ―― 122
夢や理想を追い求める生き方を ―― 127

「できない」という勇気――132

【第5章】生きているだけで価値がある

今のありのままの自分を受け入れる――138
人生を先延ばししない――143
身体が語りかける言葉に耳を傾ける――148
不完全である勇気――153
老いや死にとらわれず、「今」に目を向ける――158
今の自分に価値があると自覚して生きる――163
コラム・アドラーの教え❺ 一瞬一瞬を真剣に生きる――168

【第6章】死を受け止める勇気を持つ

「死」とどう向き合えばいいのか——170
人生を最期からだけで見ない——175
人は誰かの心の中で「不死」になれる——180
他人がやり遂げたことは自分にも必ずできる——185
「共鳴」が気づきを生む——190
望ましい最期を迎えるために——195

おわりに——200

編集協力●舘野竜一
ブックデザイン●唐澤亜紀
イラスト●くすはら順子

【第1章】

今、この瞬間から幸せになれる

幸福に「なる」のではなく、幸福で「ある」

苦しみは幸福の糧

私はもともと哲学を学んでいましたが、子育てがきっかけでオーストリアの精神科医であるアルフレッド・アドラーが創始した個人心理学を知りました。

初めて私がこのアドラー心理学の講演を聞いた時、講演者のオスカー・クリステンセンがこんなことを話したのをよく覚えています。

「今日、私の話を聞いた人は、今この瞬間から幸福になれる。しかし、そうでない人は、いつまでも幸福になれない」

私は驚き、同時に強く反発しないわけにいきませんでした。母が若くして亡くなり、その後父との確執もあったため、親との関係では自分が幸福とは思えなかった私は、そんなに簡単に幸福になれるはずがないと思ったのです。しかし、もしもクリステンセンがいうように私が幸福になれたら、クリステンセンの言葉は決して誇張ではないことがわかるだろうと思いました。

以前、アドラーと古代ギリシアの知恵に依《よ》って幸福をテーマにした本を書くために、粘り強く考え抜きました。結論は実にシンプルなものでした。**人は幸福に「なる」のではなく、幸福で「ある」**ということです。苦しさから抜け出して幸福に「なる」のではなく、今の状況や経験とは関係なく幸福で「ある」のです。

「そんなことはない、私は苦しい」といいたい人は多いでしょう。たしかに、生きることは苦しいのです。しかし、その苦しみを苦しいと見るのではなく、苦しみこそ幸福の糧であると見ることはできます。

私はその後も心筋梗塞《しんきんこうそく》で倒れたり、認知症を患った父を介護したりしましたが、そのような経験が私を不幸にしたわけではなく、他方、そのような経験を乗り越えて幸福になったわけでもなく、幸福で「ある」ことに気づいたのです。

苦しみは鳥が空を飛ぶために必要な風のようなものです。真空の中では鳥は飛べません。空気抵抗があればこそ飛べるのです。

私たちの人生も、あまりに苦しいと生きる気力まで削がれることがありますが、何の苦しみもない無風状態では幸福を感じることはできません。

韓国に行くと、若い人たちから「どうすれば親孝行ができるか」とたずねられることがあります。これに対しては、親不孝が親孝行だというパラドクス（逆説）で次のような話をします。

かつて、父が私に「まだ結婚してないのか」とたずねたことがありました。その時は結婚してもう三十年ほど経っていましたし、私の妻が父の介護をしていましたから、この質問に私は驚かないわけにはいきませんでした。

なぜそんなことをたずねるのかと真意を質《ただ》したら、「私はお前が結婚しないうちは死ねない」というのです。結婚していると答えたら、たちまち父は死ぬのではないかと思いましたが、父にすれば私のことを心配することが生きる糧になっていたのでしょう。親は、もうこの子は自分が何もしなくても大丈夫だと思うと、たちまち弱ってしまいます。

他者とのつながりの中で見出す幸福

生きることは苦しいという時、病気になったり災難に遭ったりすることもたしかに苦しみといえますが、対人関係こそ苦しいのです。対人関係に入ると、何かしらの摩擦が起きないわけにはいかないからです。しかし、生きる喜びや幸福も、この悩みの源泉ともいうべき対人関係の中でしか得ることはできません。

ですから、幸福になるためには対人関係の中に入っていかなければなりませんが、そのためには、自分に価値があると思えなければなりません。

自分に価値があると思えるために、何かができなければならないわけではありません。**ありのままの自分がそのままで価値がある**のであり、たとえ病気や老いのために何もできなくなったとしても、そのことで人の価値はいささかも減じるわけではないのです。

自分に価値があると思えたら対人関係の中に入っていけ、その中で生きる喜びや幸福を感じるというのは、たしかにその通りです。しかし、実際に対人関係の中に入らなくても、いわば存在の次元で価値があるのですから、**人は他者とのつながりの中で、何もしなくても、あるいは何かを経験しなくても、そのままで幸福で「ある」ことができる**のです。

母は病気になって、しかも回復しなかったから不幸なのではありません。心筋梗塞で倒れた私は一命を取り留めましたが、一命を取り留めたから幸福なのではありません。闘病は本人にも家族にも苦しみであることは間違いありませんが、どんなに苦しみに満ちた日々でも、ささやかな幸福は潜んでいます。

そのような幸福は生きていれば感じられるものなので、どんな状況にあっても見出すことができます。今、自分が置かれている状況が変わらなくても、そして、この私のままで価値があるのですから、他者とのつながりの中で幸福で「ある」のです。

まず自分が幸福に

自分が不幸であることを見せない

子どもが学校に行かなくなったということで、相談を受けることがよくあります。親は一様に、この世の終わりがきたかのように思い詰めた表情で、不幸をすべて背負っているかのような様子でこられます。

子どもが困っているのだから、親が何とかしなければと思う気持ちはよくわかります。子どもが病気になった時、親はできるものなら子どもに代わってやりたいと思うでしょう。でも、それができないことはすぐにわかります。親は子どもの傍《かたわ》らにいて、子どもの熱が引くのを待つしかありません。子どもが学校に行かなくなった時も、親

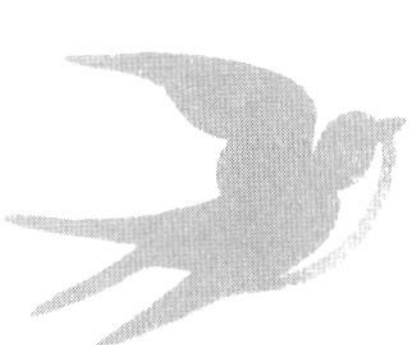

が代わりに学校に行けるわけではないのです。

それでも、親がまったく何もできないわけではありません。私は、学校に行っていない子どもと話す機会があれば、親が幸福であるのか不幸であるのかどちらがいいかとたずねます。唐突な質問に聞こえるかもしれませんが、子どもは「幸福であってほしい」と即答します。子どもは親が自分のせいで不幸であることを望んではいないからです。

しかし、カウンセリングにやってくる親は少しも幸福には見えません。親の方は不幸であることが必要なのです。子どものことで悩んでいれば、まわりの人が同情してくれます。「子どもが学校に行ってなくて大変ね」というような言葉をかける人もいます。

親が不幸であることをまわりの人に見せることは、子どもとの関係をよくしません。なぜなら、私は一生懸命子どもを育ててきたのに、今私が不幸なのは子どものせいだといっているに等しいからです。学校に行く、行かないについては本来的には子どもが自分で考え決めるしかありませんが、子どもとの関係がよくなれば、親に相談を持ちかけてくることもありえます。そのためにも、親がまず幸福でなければならないのです。

今、不登校の例をあげましたが、介護をしなければならない時も同じことが起こります。父の介護をしていた時、親から離れて過ごしている間は、私は親のことを忘れようと思いました。親の側《そば》にいない時には、どんなに心配しても始まりません。親から離れている時に英気を養えればこそ、親の前で元気でいられます。

幸福の表現は他者に伝わる

哲学者の三木清《みききよし》は、「歌わぬ詩人というものは真の詩人でない如く、単に内面的であるというような幸福は真の幸福ではないであろう」といっています（『人生論ノート』）。

幸福は必ず外に表されるものです。その幸福は他者に伝わります。幸福な人と一緒にいて、幸福になれないことはありません。

どのように幸福が外に表されるのか。三木は「**機嫌がよいこと、丁寧なこと、親切なこと、寛大なこと**」をその例にあげています。

まず、「機嫌がよいこと」は簡単なことではありません。しかし、常に上機嫌でなくても、気分が安定している人と一緒にいるとたしかに自分の気持ちも落ち着いてきます。余計な気を使わなくて済むのはありがたいです。

次に「丁寧なこと」。何かをお願いされても、対応がおざなりになることはあります。忙しいことなどを理由に求められたことをできないとは思わないで、しっかりと対応できることが、丁寧であるという意味です。

さらに、「親切なこと」とは、援助を求められたら、可能な限り、力になることです。何でも力になれるわけではありませんが、時に自分のことを後回しにしても、心に余裕があれば、援助を求めてきた人の力になれることを幸福に感じられるのです。

三木が最後にあげている「寛大なこと」とは、考えの違った人を受け入れることです。介護の場面でも、親の考えとぶつかることはあります。それでも、親の考えを理解する、少なくとも理解する姿勢を示すことは大切です。理解することは賛成することではありませんから、違う考えを寛容に受け入れてみましょう。

親の立場からいえば、子どもが看病や介護のために幸福を犠牲にしてまで自分に尽くしていると見えるのは、嬉《うれ》しいことではありません。親のためにと思い献身的な介護をしても、介護をする子どもが不幸であれば、かえって親を不幸にしていることもあるのです。

子どもの立場からいえば、親に苦しむことなく、できるだけ安楽に過ごしてほしいと思います。そのために自分が親の力になれることを喜びに、そして、それを幸福と感じられれば、そのような子どもの思いは親に伝わり、親は子どもの世話を負担とは思わないでしょう。

三木は次のようにいっています。

「我々は我々の愛する者に対して、自分が幸福であることよりなお以上の善いことを為し得るであろうか」

自分の幸福が他の人を幸福にする

子どもが与えてくれるもの

最近は本の原稿を書いて過ごすことが多く、以前ほど本を読んでいません。これは本を読む時間がないということではありません。目下、関心があることからかけ離れた本を読むと、集中が途切れるような気がするからです。

私が好きな韓国人作家のキム・ヨンスも、原稿を書いている時には本を読まず、人にも会わないで引きこもって暮らすと書いています。本を書く時には「没入」しなければならないからだといっています。

ところが、生きていれば、引きこもって暮らすわけにはいかないことが起こります。

私は若い頃、脳梗塞で倒れた母の看病をするために、長く大学に行くことができませんでした。結婚し子どもが生まれると、二人の子どもが育つ手助けをしましたし、私自身も心筋梗塞で倒れ、認知症を患った父の介護もしました。

そのような体験は思索に没入することの妨げになると思いましたが、振り返ると、そのような体験ができたからこそ、本を読むことだけでは学び得なかったことを学べたと思います。

私にとって初めての孫が生まれたことも、私の人生を変えることになりました。無論、直《じか》に接するのは娘夫婦なので、私自身が子どもの世話をしていた時とは違うのですが、実家に帰ってきた娘や孫としばらく一緒に暮らす間に、思い当たったことがいくつもありました。

生まれて間もない子どもは自力では何もできないので、不断に親から援助されなければなりません。いわば世界の中心にいる子どもは、親や他の大人からの注目、関心、愛情を独占することができます。その意味で、子どもは与えられるだけの存在だといえます。

しかし、**いつまでもまわりの人から与えられるだけでなく、自分でも与えられるようにならないといけない、いつまでも自分が世界の中心にいると思ってはいけない。**

私はいつもそう書きますし、講演でも話します。

ところが、孫を見ていて、子どもというのは決して与えられるだけの存在ではないことに思い当たりました。

ここで、与えられるというのは、大人からの援助が与えられるということです。子どもは自分の力だけでは生きていけないので、お腹《なか》が空《す》いた時や、オムツが汚れて不快な時は、泣いたり大きな声を出したりします。大人はそれを聞いて、子どもが何を求めているかを察し、子どもが必要としていることを与えます。

しかし、これは行為の次元でのことであって、存在の次元では子どもは与えるのです。何をでしょうか。幸福を与えるのです。

最近はあまり本を読んでないと最初に書きましたが、以前読んだ本であれば内容も熟知しているので再読します。そのような本であれば集中の妨げにならないからです。

ある時、三木清の『人生論ノート』を読んでいたら、よく知っているはずの次の一節に目が留まりました。

「鳥の歌うが如くおのずから外に現われて他の人を幸福にするものが真の幸福である」

幸福とは何かを考えた時に、三木の言葉を使うと「単に内面的であるというような幸福」をイメージしますが、それは幸福感であっても、外に現れる「真の幸福」ではありません。三木は、外に現れて他の人を幸福にするものが真の幸福だといっているのです。

幸福の表現をどう受け止めるか

私は以前この三木の言葉を読んだ時、まず自分が幸福にならないといけないというところに焦点を当てて読んでいましたが、幸福が単に内面的なものではなく、つまり自分が幸福になることではなく、自分の幸福が他の人を幸福にするというところに焦点を当てて読めたのです。

三木は、機嫌のいいことを、外に現れる「表現的な」幸福の例にあげています。いつも機嫌がよく、気分が安定している人を見れば、まわりの人も嬉しくなりますが、反対に、朝から怖い顔、不機嫌な顔をしている人はまわりの人の気分も悪くします。

私が思い当たったのは、子どもはまわりの人に幸福を与えているということです。子どもが泣くのは鳥が歌うのと同じです。無論、いつも泣いてばかりいるわけではありません。機嫌がいい時は笑います。そのようにして、子どもは幸福を表現し、まわりの人を幸福にするのです。

子どもから幸福を与えられた大人は、その幸福を表現します。それを子どもにも向けるでしょうが、まわりの人にも向けます。このようにして、**子どもに端を発した幸福が大人にも伝わっていく**のです。

子どもが見せる幸福の表現を、まわりがどう受け止めるかが大切です。ただ要求をし、何かを与えられようとしているとだけ見てはいけないと思います。たとえ泣き叫んでいるように見えても、この世界で力強く生きていこうとする決意を表していると思えれば、子どもが泣いていることに苛立《いらだ》たず、それもまた子どもの幸福の表現だと見えてくるでしょう。

人生の目標を幸福に見出す

生きていることに価値がある

ある日、講演の後で一人の学生がこんなことを語ってくれました。自ら命を絶った友人がいるのだが、自分の中で彼がいかに大きな存在だったかに彼が死んだ後になって初めて気づいた、と。

おそらく、本人も自分が大きな存在だったことに気づいていなかったでしょう。自分の命を絶つきっかけになった出来事があったのでしょうが、もしも他者にとって大きな存在だと感じられるという意味で自分に価値があると思えていたら、難局を乗り切る勇気を持てたのではないかと思います。

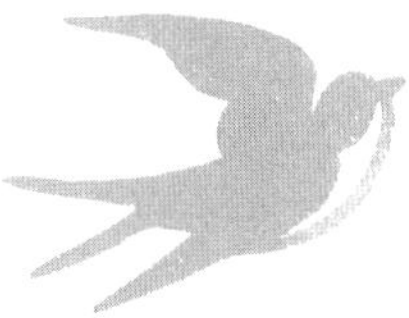

人の存在がいかに大きいかは、子どもや親、友人が病気で倒れた時、災害に遭った時のような非日常的な体験をする時にも感じます。なぜ、そのことに通常は気づくことができないのでしょうか。

親子を例にいえば、親は現実の子どもではなく、理想の子どもを見ているからです。学校でいい成績を取ること、人生で成功することを、親は子どもに期待します。

子どもは親が自分に何を期待しているかわかるので、親の期待を満たそうとします。親の期待を満たすためだけではなく、自分でも親が期待するような人生を生きることを理想にします。ところが、その理想と現実の自分との乖離《かいり》があまりに大きいことに気づくのに、それほど時間はかかりません。

親が子どもにこのようであってほしいという理想を持つことには意味がないと気づくのは、先に見たような非日常的な体験をする時です。その時には、普段子どもにどんな問題があっても、親の理想とどれほど違っていても、生きていればありがたいと思えるのです。

この時、親は子どもの価値は何をするかではなく、生きていることにあるということに思い当たります。このことを非日常的な体験をしなくても、常に生活の中で知らなければなりません。

親も、年を重ねたらいろいろなことができなくなります。エリート銀行員として生涯を送ったある男性が、脳梗塞で倒れ半身不随になった時、「こんな身体になってしまったら、もう生きていても仕方ない、殺せ」と叫び続け、家族を困らせました。このような人にも「**あなたが生きていることがありがたい**」といいたいのです。

生きていることだけで子どもを受け入れようという話を親にすると、「子どもが間違ったことをしても何もしないのか」といわれることがあります。間違ったことをしたり、失敗したりした時には、必要があればその責任を子どもが取らなければなりませんが、どんなことをしても、子どもを無条件に受け入れるという意味なのです。

子どもにすれば、親の愛情を確認するために親に揺さぶりをかけようとして問題を起こすかもしれませんが、親がいわば「存在の次元」で自分を受け入れてくれることがわかれば、問題行動をすることはなくなります。

幸福はオリジナルなもの

ところが、病気で苦しんでいた子どもがやがて回復すると、親は生きているだけでありがたいと思えなくなります。人生の目標は成功だと思っているからです。言い換えると、何かを成し遂げることに価値があると考えているということです。

今日、いい学校に入り、いい会社に就職することに価値があると思う人は少なくなっていると思いますが、進学校に入学した生徒は無邪気に、京大か東大かに行く、医学部に行くという話をしています。このような目標を立てて勉強する子どもが、皆成功するわけではありません。競争に敗れた子どもは、自分には価値がないと絶望することになります。

子どもを早く亡くした親と話す機会が度々ありました。そのような親に共通する思いは、「こんなに早く別れることがわかっていたら、どうして子どもがしたいといっていたことを許さなかったのか」ということです。

子どもが人生の成功には結びつかないように見えることをしようとした時、親は不安になります。私が大学で哲学を学ぶと言い出した時も、父はまったく理解できなかったに違いありません。そのような子どもたちは、人生の目標を成功ではなく「幸福」に求めていたのです。哲学者の三木清によれば、成功が一般的なものに対して、幸福はオリジナルなものなので、他者には容易に理解されないのです。

哲学者の森有正《もりありまさ》が、パリのノートルダムへ行ってミサを聞いていた時、献金を集めにきた若い僧を見て「あの若いのに可哀《かわい》そうだね」といいました。若くして僧になることは、「人生の様々な楽しみや発展の可能性を犠牲にするように思えた」からです。森がそのように思ったのは、人生の目標を成功と考えていたからではないかと私は思います。**幸福は「発展」とは関係がありません。**

若い時だけなく、人生のどの段階においても、自分が熱情を感じたものに自分のすべてを捧げられることがある人は幸いです。最初に見た、自ら命を絶った青年が、自分の存在に価値があると思え、人生の目標を成功ではなく幸福に見ていたらと思いました。

日々生きていることの幸福

非日常的経験をして気づくこと

私は京都に住んでいるのですが、常はめったに地震がないので、阪神淡路大震災以来の立っていられないほどの強い揺れを感じた時、恐怖に慄《おのの》きました。

地震に続いて、今度は豪雨のために近くの川が氾濫《はんらん》寸前まで増水しました。幸い堤防は決壊しませんでしたが、その後西日本各地を襲った未曾有《みぞう》の豪雨で多くの人が亡くなられたことを知り、心が痛みました。

災害に遭うというような非日常的経験をした時、普段はともすれば忙しい日常の中で忘れていた大切なことに気づきます。それは、**日々生きていることが、それだけで**

どれほど幸福かということです。

ドストエフスキーの『白痴』の中で、登場人物の一人であるムイシュキン公爵が、ある死刑囚のエピソードを語っています。この死刑囚は、刑の執行直前に特赦で罪を一等減じられ、最終的には死刑を免れるのですが、銃殺刑を宣告されてからの二十分間は、確実に死ぬと信じて疑いませんでした。

男は、刑の執行はまだ一週間は先だろうと思っていました。ところが、思いがけず何かの事情で手続きが短縮し、ある朝の五時、まだ眠っている時に看守に起こされたのです。

「どうしたんだ？」

「九時すぎに刑の執行だ」

もはや逃れられないと覚悟しました。

たとえ瀕死《ひんし》の重傷を負っていても、最後の瞬間まで、人は必ず救いの希望を持っているものです。私は心筋梗塞で病院に搬送された時、医師から「十人のうち二人は死ぬ」と宣告されました。私の聞き間違いだったと思うのですが、私はその医師の言葉を聞いて大変なことが今起こっていることを知り、一人で死ぬというのは何と寂しいことかと思いました。それでも実のところ、自分が死ぬとは思っていませんでした。ところが、死刑は「それがあれば十倍も楽に死ねる最後の希望」をも確実に奪い去るという意味で、残酷なものです。

残された時間をどう生きるか

この死刑囚は、ついに生きていられる時間があと五分ばかりであることがわかった時、この五分間が果てしもなく長い時間で、莫大な財産のような気がしました。そこで、この時間を次のように割り振ることにしました。

まず、友だちとの別れに二分、最後にもう一度自分自身のことを考えるために二分、そして、残りの時間はこの世の名残《なごり》にあたりの風景を眺めるために充てることにしました。教会の金色の屋根の頂が明るい光にキラキラと輝いているのを、男は執拗《しつよう》に見ました。

この男によれば、いよいよ自分が死ぬことになった時、もっとも苦しかったのは、絶え間なく頭に浮かんでくる次のような考えだったといいます。

もしも命を取り留めたら、自分には無限の時間が与えられるだろう。そうなったら「一分一分をまるで百年のように大事にして、その一分一分をいちいち計算して、もう何ひとつ失わないようにする。いや、どんな物だってむだに費やしやしないだろうに！」

さて、死刑を免れた男はどうなったのか。無限の時間を与えられてどうなったのか。いちいち計算をすることなどなく、実に多くの時間を浪費してしまったというのです。

この男の言葉には妙にリアリティがあると私は思います。死刑を免れた後は、一分一分を無駄にしないで生きたと書いてあれば、本当とは思えません。

このように息詰まるような限界状況にいるわけではないとしても、いついつにどこかに行かなければならないとか、いついつまでに何かをやり遂げなければならないと、絶えず時間に縛られて生きている人は多いでしょう。

そのような生き方をしている人が災害に遭ったり、病気になったりして、自分が生きていること、明日という日がくることが自明ではないことに気づきます。

そのような気づきは大切ですが、災害に遭うことも病気になることもできれば避けたいものです。

哲学者の三木清が次のようにいっています。

「旅に出ることは日常の生活環境を脱けることであり、平生の習慣的な関係から逃れることである。旅の嬉しさはかように解放されることの嬉しさである」（『人生論ノート』）

時間に縛られていても日常は安定していますが、旅に出るとその安定した関係を脱し、そのために不安が生じます。三木の言葉を使えば「漂泊」の感情を抱くことになります。

実に人生そのものが旅であり漂泊です。ただ目的地に着くことだけを問題にし、途中を味わうことができなければ、旅を楽しむことはできません。

実際に旅に出なくても、日常の生活の中で時間に縛られずに悠々と生きられたら、これからの人生はずいぶんと違ったものになるでしょう。

column アドラーの教え❶

「勇気」を持つことで人は変われる

アルフレッド・アドラー（1870〜1937）は、オーストリア出身の精神科医・心理学者です。

一時、フロイトが主宰する「ウィーン精神分析協会」の中核メンバーを務めましたが、学説上の相違から決別し、まったく新しい理論に基づく「個人心理学」を創始しました。日本では一般的に、創始者の名前をとって「アドラー心理学」と呼ばれています。

アドラー心理学の特徴の一つは、「目的論」の立場を採るところにあります。例えば、「子どもの頃に親から虐待を受けたから、社会に適応できない」と考えるのが原因論であるのに対し、目的論においては、「社会に出て他者と関わらないために、子どもの頃に虐待を受けた記憶を持ち出す」と考えます。

つまりアドラーによれば、人の行動は過去の「原因」によって決定されるのではなく、今の「目的」に沿って決められているのです。

アドラーは、ライフスタイル（人生のあり方）とはいつでも選び直すことができるものであり、過去の人生に何があったとしても、これからの人生をどう生きるかには関係がない、と主張しました。

人は「変われない」のではなく、「変わらない」という選択をしているに過ぎない。変われない人に足りないのは、能力ではなく、変わることに伴う「勇気」である。そうアドラーはいうのです。

「今、ここを生きる」ことの意味

アドラーは、著作の中で「ザッハリッヒ（sachlich）に生きる」という表現を使っています。「即事的に生きる」、わかりやすくいえば「地に足がついた生きる」という意味になります。言い換えると、「今、ここを生きる」ということになるでしょう。

今、ここを生きる。その意味の一つ目は、「他の人にどう思われるかを気にしない」ことです。他人の評価ばかり気にかけ、常に人に嫌われることなく好かれたいと考えて生きるのは、不自由な生き方です。それでは自分の人生を生きられないことになります。

二つ目は、「理想の自分を見ない」あるいは「理想の他者を見ない」。私たちは、自分や他人を見る時、「自分にとっての理想像」をつくり、そこから引き算をして評価してしまいます。そうではなく、自分については「このままの自分でいい」と思って生きる。他人に対しても「そのままのあなたでいい」と考える。そのままでいいわけではないとしても、現実から出発するしかないのです。

三つ目が、「もしも○○ならば」と可能性に賭けるような生き方をしないことです。「○○が実現したら、初めて幸せになれる」と考えるのは、今を「準備期間」「仮の人生」とする考え方。それは、人生を先延ばしにすることです。そうした考え方をしていては、「今、ここを生きる」ことは決してできないのです。

【第2章】

今日一日のためだけに生きる

毎日を丁寧に生きる

今日を今日一日のためだけに使う

湯本香樹実《ゆもとかずみ》の『岸辺の旅』という本を読みました。

長らく失踪《しっそう》していた夫が、ある夜ふいに帰ってきます。既に死んでいる夫は自分の死後、妻のもとに帰ってくるまでの軌跡をたどるために、妻と共に旅に出ます。

妻は、夫が失踪したことの原因は一体何だったのか、失踪を止められなかったのか、自分たちは愛し合っていたのかなど、過去の結婚生活を振り返らないわけにはいきません。

しかし、もはや過去に戻ることはできませんし、これからの二人がどうなるかもわかりません。また同じことが起こるかもしれません。

旅に出た二人はやがて、このままずっと旅をし続けることができるのではないか、さらには、ずっとどこかに住むこともできるのではないかと思うようになります。

ただし、そのように思えるためには、夫がこの世の人ではないという事実に目を塞がなければなりません。

「だんだん、そんなことも不可能でないような気がしてくる。忘れてしまえばいいのだ、一度死んだことも、いつか死ぬことも。何もかも忘れて、今日を今日一日のためだけに使いきる。そういう毎日を続けてゆくのだ、ふたりで」

私は、この妻の語る言葉を読み、はたして「**今日を今日一日のためだけに使いきる**」という毎日を生きているかを考えました。そしてそのように生きようと決心した日々があったことに思い当たりました。

早いもので、心筋梗塞で倒れてから十三年が経ちました。幸い、一命は取り留めたものの、職を失い、社会から完全に切り離されてしまった私は、先のことがまったく見えなくなってしまったので、これからどうやって生きていけばいいものか、強い不安にとらわれることになりました。

病気になると、明日という日がくることが、決して自明ではなくなります。病院では夜、消灯時間を過ぎてもいつまでも眠れないので、睡眠導入剤を処方してもらっていました。この薬を飲めばすぐに眠りにつけますが、「もう二度と目が覚めないのではないか」と怖かったこともよく覚えています。

ところが、やがて毎日を穏やかな気持ちで過ごし、夜も安眠できるようになりました。このように気持ちが変わったことにはいくつかの理由がありますが、さしあたって仕事のことを考えるのをやめました。どうあがいたところで、ひと月は入院しなければならないことは、はっきりしていたからです。

入院中に仕事のことを考えるのは、例えてみれば、電車に乗り遅れ、約束の時間に間に合わないことがはっきりしているのに、電車の中でイライラしたり、焦ったりしているようなものです。しかし、イライラしても焦っても、さらにはじっとしておられずに電車の中で走ってみても、一秒たりとも早く着けません。

それなら、電車に乗っている間は、窓の外の景色を見るなどして楽しめばいいのです。もしも誰かと待ち合わせをしていたのに、電車に乗り遅れたのであれば、電車に乗っている時の幸福感を持ったまま会うと、相手は怒るかもしれないので、会う直前に申し訳なさそうな表情を浮かべるのがいいでしょう。しかし、電車に乗っている時から、相手が怒っているのではないかと考えて不安になる必要はありません。

日々満たされて眠るために

私は、退院後のことは考えず、できることだけをして療養に励もうと思いました。それは、私にとっては薬を服用し、注射や点滴の痛みに耐え、リハビリに励むことでした。

入院中は、身体を思うように動かすことはできませんでしたが、話をすることはできましたから、病室にやってくる人との対話は楽しく、時が経つのも忘れて話をしました。

とりわけ、医師や看護師さんたちと話をするのは無上の楽しみになりました。非番の日に病室にやってきた若い人の相談に乗ることもよくありました。

こうなると、病院にいながら、カウンセリングをしているようなものでした。看護師さんたちの相談に乗ることで貢献感を持つことができた私は、毎日満たされて眠りにつけるようになりました。

小説中の言葉を借りれば、私は一度死にかけたことも、またいつか死ぬことも忘れて、今日を今日一日のためだけに使いきる日を送れるようになったのです。

退院してからも、そのような日々を送れているかと自分に問うことになりました。それが私にとっての「メメント・モリ」です。これは「死ぬことを忘れるな」という意味ではありません。**「死ぬことを思わなくていいように、毎日を丁寧に生ききれ」**という意味なのです。

ありのままの自分に価値を見出す

母の病床で考え続けた人生の意味

京都の哲学の道に哲学者、西田幾多郎《にしだきたろう》の歌碑があります。歌碑にはこんな歌が刻まれています。

「人は人　吾《われ》はわれ也《なり》　とにかくに吾《わが》行く道を吾は行《ゆく》なり」

西田は、後には京都大学の教授になり、「西田哲学」と呼ばれる独創的な哲学体系を構築し、今日、その名を知らない人はいないといっていい哲学者ですが、高校の校風に反発したために退学させられ、そのため東京帝国大学には選科（本科と違い、学科の一部だけを選んで学ぶ課程で、卒業しても学位を得ることはできない）にしか入れませんでした。西田は「私は何だか人生の落伍者《らくごしゃ》となったように感じた」と後に述懐しています。

私の母は、私が大学院生だった時に脳梗塞で倒れ、わずか三ヶ月の闘病後、四十九歳で亡くなりました。入院している間、私はずっと母の病床に付き添っていましたが、母のように身体を自由に動かせなくなり、意識を失った時でもなお幸福といえるのかどうか、あるいは、そんな時にでも幸福といえるとしたら、どんな条件が必要なのかをずっと考え続けました。

私も西田と同じく哲学を学んでいましたから、「幸福とは何か」は重要なテーマでしたが、病む母を見て差し迫った問題として具体的に考えなければなりませんでした。哲学学徒である私は、お金には縁のない人生を送ることになるだろうと思っていましたが、なお名誉心はありました。

ところが、母の看病をする中で、名誉ですら、人が死ぬ時には何の役にも立たないことを知ってしまいました。母の遺体と一緒に帰宅した時、私は人生のレールから大きく脱線したと思いました。

母の看病のために長らく大学に行けなかった私は、半年後、復学しました。しかし、その時には、もはや以前の私ではありませんでした。

こうして、私は研究者としての道を他の研究室の友人のように歩むことを断念しました。

ところが、一大決心して友人とは違う道を歩み始めたはずなのに、同期の友人や後輩が次々に大学に就職するのを見て、歯がゆい思いをしなければなりませんでした。

後に若い友人から、こんな話を聞きました。彼は大学でサッカーをしていました。とても優秀な選手で、将来はプロのサッカー選手になることを嘱望されていました。ところが、身体の故障のために、プロの選手になることを断念せざるを得なくなりました。

その後、彼は四十歳になるまでテレビでサッカーの試合を見ることができませんでした。かつて競い合った自分の仲間が、プロとして試合に出ているのを見ることができなかったのです。

それがなぜ四十歳になったら試合を見ることができるようになったかといえば、仲間の多くがその歳になると引退してしまったからです。「なぜ、自分ではなく、あいつらがプロになったのかと思ったのでは？」とたずねると、まさにその通りだという答えが返ってきました。それは、仲間が大学に勤めるのを知った時の私の気持ちでもありました。

他者との競争から降りる

人は三つのことをして生きています。「できること」「したいこと」「するべきこと」です。シンプルに考えるならば、自分にできるのはできることしかないのだから、できることだけをすればいいのですが、今のあり方とは違う自分になることを目指すこともあります。病気の人は、少しでも回復したいと思い、摂生し、リハビリに励みます。スポーツ選手が優れた記録を出そうとするのも同じです。

しかし、このような努力が他者との競争になれば、厄介なことになります。自分を「人生の落伍者」と見なすことは、他者との競争を前提にしています。競争に負けた人はもとより、競争の中に身を置いている人は、たとえ競争に勝っても、いつ負けるかもしれないと思い、心の休まる暇がありません。

西田の「人は人　吾はわれ也　とにかくに吾行く道を吾は行なり」という歌は、他者との競争から降り、たとえどんな苦難に遭っても、自分は自分が正しいと思う道を行くという決意表明であったに違いありません。精神的な健康を取り戻すためには、競争から降りるしかありません。

他者より優れようとし、他者との違いに自分の価値を見出すのではなく、ありのままの自分に価値を見出せばいいのです。そうすれば、他の人がどんな生き方をしようと、自分の人生を他の人の人生と比べず、自信を持って生きることができます。

大学生の頃から私は哲学の道を何度も歩いていたのに、西田の歌碑に長らく気がつきませんでした。それがある時、突如として目に留まったのは、私も西田のように、自分の生き方に自信を持てるようになったからかもしれません。

「自分のため」が他者貢献に

森を作るものとは

過日、札幌で講演をしました。講演は昼からだったので、朝早く起き北海道大学の植物園に行くと、思いがけずリスに遭遇しました。開園直後だったので人がほとんどいなかったからかもしれませんが、草の上をしばらく走り回り、やがて木に登って行きました。

リスには、どんぐりやクルミなどを穴を掘って隠すという習性があります。ところが、穴の中に隠したことを忘れてしまうので、地中に埋められ食べられなかったどんぐりやクルミの実からは、やがて芽が出て、そのため後には森ができるという話を聞いたことがあります。

昔、ラテン語の授業中に、学生の一人が「神が林に宿る」と訳したところ、先生が「神が宿られるのは森であって林ではない」と強い口調で訳を正したことを思い出しました。林は人間が「生やす」ものだ、神が人工的なところに宿られるはずがない、というのが先生の持論でした。この語源の説明が正しいのかはわかりませんが、森は人が作るものではないという説明は面白いと思いました。

それでは、リスが森を作るのでしょうか。そうではないでしょう。

子どもの頃、柿の種を家の畑に播《ま》いたことがありました。播いたというより、柿を食べた後、種を畑に向けて放り投げたというのが正しいかもしれません。私は、一体いつになったら柿の実がなるのかと祖母にたずねました。すると、「おばあちゃんが死んだら」という答えが返ってきました。その後、たしかに柿の木が育ち、毎年実をつけるようになりました。その時、祖母はこの世にはいませんでした。

私はただ種を播いただけであり、リスがその種を地中に埋めてくれなかったら発芽しなかったかもしれません。そんなことも知らずに私は、播いた種が柿の木になることを夢見て種を播きました。

リスが種子を土に埋めるのは、餌《えさ》が採れなくなる冬に備えるためです。食べなかった種子が発芽し、やがて森になるなどとは夢にも思っていないでしょう。ただ自分のために実を地中に埋めるのです。もちろん、その種から芽が出て、森になるまでには、気が遠くなるほど悠久な時間がかかります。

他者に貢献するということ

ある時、「人の役に立とうとすることは、他者のために生きることであり、自分の人生、自分の幸せを犠牲にすることになるのではないか」と質問した人がいました。

今ならリスの話をその人にするでしょう。リスはあくまでも自分のために行動するのですが、自分でも知らずして森を作ることに貢献しています。**自分のためにしていることが他者貢献になる。しかも、自分では貢献することになるとは思ってもいないのに貢献できる。これが貢献の理想的なあり方です。**

私の父は蔵書家ではありませんでした。父の本箱に何か面白い本がないかよく覗《のぞ》いていましたが、ほとんどがビジネス書で、私の興味を引く本はありませんでした。ところが、ある日、加藤周一《かとうしゅういち》の『読書術』という本を見つけました。父は題名からハウツー本だと思って手に入れたのかもしれませんが、期待していた内容でなかったからか、読んだ形跡がありませんでした。

ところが、この本にはまさに私が知りたかったことが書いてあったので、中学生だった私は夢中で何度も読みました。やがて、加藤の本を続けて何冊も読み、私は大きな影響を受けることになりました。

父は自分がその加藤の本を買ったことを覚えていなかったかもしれません。しかし、その本が私に影響を与えるという形で、父は貢献することになったのです。

晩年、アルツハイマー型の認知症を患った父は、今しがたいったこともしたことも忘れるようになりました。それでも、父が語ったことを今も私はよく覚えています。父が話した後忘れてしまった言葉を私が書き留め、本に書き、講演でも話していると は、父は思ってもいなかったでしょう。父の言葉から私は学ぶことが多々ありました。

父の言葉は森になりました。

私は、心筋梗塞で入院していた時、主治医から「本は書きなさい。本は残るから」といわれました。以来、ずっと本を書き続けています。言葉が思い浮かばなかったり、締切に追われ苦しいこともありますが、私には書くことは寝食を忘れるほど楽しいことです。

あまりに本をたくさん書いてきたので、今ではどの本に何を書いたか忘れてしまうことがあります。リスのようですね。それでも、私が書いた本が届くべき人のところに届き、その人の魂の中で育っていくのを見ると、望外の幸せです。

好きなことだけをして生きよう。こういうと、たちまち、「そういうわけにはいかない、苦しいことはいくらでもある」と反論されそうです。リスも本当は冬に備えて必死で木の実を拾っているのかもしれませんが、**しなければならないことであれば楽しく取り組んでいい**と思うのです。少なくとも、何事もただただ苦しいことばかりではありませんから。

読書が人生を豊かにする

ただ楽しみのために本を読む

十年ほど引きこもっていた若者が、私のところにやってきたことがありました。突然、コートの片方のポケットから本を取り出しました。ポール・オースターの小説でした。

「ポール・オースターの本が好きなのです。でも、僕は学校に行かなかったので、漢字を読めません。それで、これでは駄目だということは知っているのですが……」

と、もう一方のポケットから今度は国語辞典を出してきて、こういいました。

「総画索引が引けないので、漢和辞典ではなく、国語辞典を使っているのです」

彼が学校に行っていれば、新聞でも小説でも辞書を引かないで自在に読めるようになっていたでしょう。しかし、学校に行っていたら、勉強を強いられた結果、本を好きにならなかったかもしれませんし、その後の人生においても、本をあまり読まなかったかもしれません。ポール・オースターについて熱く語る彼からは、本を読むことが好きでたまらないという熱い思いが伝わってきました。

彼のように、本が好きだという人は少なく、「読書は何にも代えがたい人生の喜びである」と説くことは難しいといつも感じます。

働くようになってからも、資格を取ったり昇進したりするために試験を受けなければならず、そのためには本を読むことが必要になることがあります。

また、気晴らしのためにだけ、本を読んできた人もいるかもしれません。もちろん、そのような読書もあっていいと思いますが、気晴らしのためなら、散歩したり、家でテレビを見たりすればいいので、学業を終えてからは本をあまり読まなくなるかもしれません。

読書はぼんやりとテレビを見るのとは違って、しっかりと本に意識を向けなければならないので、気晴らしにはならないと考えるからです。

それでも、学生時代のように絶えず試験を受けなければならないわけではありません。試験のためではなく仕事のために本を読まなければならないことはあるでしょうが、読書と評価を切り離し、ただ楽しみのためだけに本を読んでみれば、学生時代の本にまつわるよくない思い出は消えるかもしれません。

若い頃と違って試験を受ける必要がなく、時間に余裕があれば、本を読むことを日々の生活の中に取り入れると、人生はきっと豊かなものになります。

読書から得られるもの

しかし、ただ本を読もうといってみても、その気にはならないでしょうから、どのように本を読めばいいのか考えてみましょう。

まず、**本を読めば他の人の人生を追体験することができます。**自分の人生で経験できることには限りがありますが、本を読めば、自分のものさしでは計り知れない様々な生き方があることがわかり、自分自身の人生を見直すきっかけになります。

次に、**読書は著者との対話である**と知ることです。

読書を「対話」にするためには工夫がいります。何も考えずに本を読んでいるだけでは対話にはなりません。

試験のための読書であれば、教科書やわずかな参考書を何度も読み返し、そこに書かれていることをしっかり理解し記憶すれば、試験に受かることができますが、このような読書も著者との対話であるとはいえません。

読書を著者との対話にするためには、著者が何をいっているかをただ追っていくのではなく、本を読んで考えることが大切です。

著者がいっていることに矛盾があるかもしれませんし、大切なことなのに、そのことに言及していないかもしれません。間違ったことをいっていることも当然あります。「なるほど」などと感心して読んでいては、著者と対話をすることはできないということです。

読者は著者と対等なのですから、著者の書いていることを鵜呑《うの》みにしなくてもいいのです。私は翻訳をしてきましたが、翻訳をしている時には絶えず著者と対話をしています。

「これはおかしいのではないですか」とか「これは無理筋ではないですか」と呟《つぶや》きながら、古代の哲人の書いた作品を訳すのは、なかなか楽しいものです。

第三に、**本を手掛かりに、これからの人生をどう生きるべきかを考えていくことができます。**このような問いに答えるのは、哲学の本です。学生の頃は、哲学者がどんな説を唱えたかを知り、それを覚えるために本を読んだことがありますが、そのようなことは哲学とは何の関係もありません。

読書は生きることと同じであって、目的地に着くことが目的ではありません。たとえ目的地に着かなくてもいいのです。途中で休むことも、その旅を断念することもできます。面白くないからと途中で読むのをやめても、真っ当な本であれば、それでも読者に何ものかを残すはずです。

吟味されない人生は生きるに値しない

成功することが幸福か

プラトンの『ソクラテスの弁明』の翻訳・解説書を上梓《じょうし》しました。出版までの日程に余裕がなく、やり遂げられるか心配でしたが、学生の頃から何度も読み、しかも若い頃、大学で学生と一緒に読んできた本なので、翻訳の機会を与えられたことを嬉しく思いました。

プラトンが紀元前四世紀にパピルスの巻物に書いた著作のすべてが今日まで伝えられ、現代の読者が読めることは奇蹟《きせき》です。たとえ印刷された本として伝えられたとしても、読み継がれてこなかったら今日まで残ることはなかったはずです。

ソクラテスが告発され死刑になったことに衝撃を受けたプラトンが、ソクラテスが裁判で何を語ったかを伝えたこの『ソクラテスの弁明』は、プラトンの著作の中でも、もっともよく知られています。

ソクラテスは、次のようにいっています。

「吟味されない人生は、人間にとって生きるに値しない」

読者は、裁判の場に居合わせ、ソクラテスから自分自身の生き方について厳しく吟味されているように感じるでしょう。

一体、何が吟味されるのでしょう。

「君たちはお金ができる限り多く手に入ることには気を使い、そして、評判や名誉には気を使っても、知恵や真実には気を使わず、魂をできるだけ優れたものにすることにも気を使わず心配もしないで、恥ずかしくはないのか」

今日、成功することが幸福だと思っている人が多いように思います。人生で成功するために、他者との競争に勝ち、よい学校、よい会社に入らなければならないと考え、お金や名誉を得ることに汲々《きゅうきゅう》としているのです。

知恵や真実に気を使う

哲学者の三木清が、「精神のオートマティズム」を破るのは懐疑だといっています（『人生論ノート』）。**多くの人が自明だと思っていることでも、本当にそうなのか疑わなければなりません。**自分が知者だと思っている人は、幸福とは何かについても知らないとは思っていないので、疑うことすらしないでしょう。

驚くべきことに、稀代の哲学者ソクラテスは、「自分は何も知らない」と語っています。読者はソクラテスと共に、何も知らないことを自覚し、言葉の本来の意味である愛知者として何が幸福かを考えなければなりません。

成功するためには出世しなければならないと考える人の中には、出世するためには不正を働くことすら厭《いと》わない人もいます。

三木は次のようにいっています。

「部下を御してゆく手近かな道は、彼等に立身出世のイデオロギーを吹き込むことである」(『人生論ノート』)。

出世こそ人生の大事と説き、昇進などの見返りをちらつかせると、部下は言いなりになります。

自分に従わなければ冷遇すると脅された人は、上司の顔色を窺い、上司の命じることを何でもします。たとえ不正であってもです。

しかし、ソクラテスは「何かをする時、それが正しいことなのか正しくないことなのか、善き人がすることなのか、悪しき人がすることなのか」だけが重要であるといっています。

不正を犯すことで出世できたとしても、幸福になれるかは自明ではありません。不正を働き、評判を落とすことがあっても、出世のためなら不正を厭わない人に、「恥ずかしくないのか」というソクラテスの言葉に耳を塞《ふさ》ごうとする良心があればいいのですが、出世、つまりは成功のためには手段を選ばない人が多いように思います。

そのような人でも幸福であることを願いますが、幸福であるための手段の選択を誤っているのです。幸福であるためにどうすればいいのかを知ることが「知恵や真実に気を使う」ことであり、**不正を犯すことを選ぶ人は魂を悪しきものにしている**のです。

ソクラテスは虻《あぶ》として惰眠を貪《むさぼ》る人を刺し、常識が決して真理ではないことを教えました。ソクラテスと対話をし、自分が何も知らないということに気づかされた人々は、眠りこけている時に起こされたら腹を立てるように、自分を起こす虻を叩いて殺そうとしました。実際、ソクラテスは死刑になりました。

ソクラテスが死刑になることを予期していたかどうかはわかりませんが、正義を貫いたのは、誰よりも祖国アテナイを愛していたからです。ソクラテスは国家を誰よりも愛していましたが、政権と国家を混同することはなく、政権のすることを無批判に受け入れることはありませんでした。

今の時代も、嘘《うそ》や不正が横行しています。不正を糾弾すればソクラテスのように死刑になるような時代にしてはいけないのです。

『ソクラテスの弁明』を読めば、厳しく自分の人生が吟味されるので、決して元の人生には戻れないでしょう。

「持つ」ことと「ある」こと

嵐に耐えて咲く花を見て

昨年の夏は次から次へと自然災害が発生して、ベランダに植えた花がその度に大きな被害に遭いました。電車が止まって帰れなくなったために水をやれなかったり、風で葉が散ってしまったりしたのです。暴風が吹き荒れた翌朝、恐る恐る見に行くと朝顔が何輪も咲いていて、よくぞこの嵐に耐えたものだと驚嘆したこともありました。

哲学者の三木清は『人生論ノート』の中で、アウグスティヌス（初期キリスト教の教父）が「植物は人間から見られることを求めており、見られることがそれにとって救済であるといった」と書いています。

花がはたして人間に見られることを求めているかはわかりませんが、嵐の後に花を咲かせた時、「私はちゃんと見届けたからね」と話しかけたくなりました。

ドイツの心理学者フロムが、その著書の中でイギリスの詩人テニソンの詩と芭蕉《ばしょう》の俳句を引いています（*To Have or to Be ?*）。

「ひび割れた　壁に咲く花　割れ目から　根こそぎ摘みて　我が手に持てり」（テニソン）

「よく見れば　なずな花咲く　垣根かな」（芭蕉）

人知れず咲いている花を見た時、それにどう反応するかは人によって違います。

テニソンは花を「持つ」ことを望みました。その上、摘んだ花を手にして知的な思索に耽《ふけ》ります。もしもお前が何であるかを理解できれば、私は神が何か、人間が何かを知るだろう、と。花は、詩人が持った関心の結果、その命を奪われました。

他方、芭蕉はテニソンとは違って、花を摘みたいとは思いません。触れようとすらしません。ただ、なずなが「ある」のを見るだけです。

他者は自分のために生きているのではない

私はこの二人の詩と俳句を読んで、人と人の関係のことを考えました。人は一人で生きているのではなく、必ず誰かとの関係の中で生きています。

幼い時は、絶えず親から援助されなければ、生きていくことはできませんでした。当然のことながら、やがて何でも自力でできるようになっていくのですが、いつまでも他者に頼り、その他者が自分の期待を満たすために生きていると考える人がいます。

そのように考えて生きていく人は、テニソンが花を摘んだように、他者を自分のために利用しようとします。

しかし、**いかなる人も自分の道具や手段にすることはできません。**花が咲いていていても、その花を自分のために摘むことはできないということです。

日本語やギリシア語では、「私には子どもがいる」という言い方をします。子どもは親が「持つ」ものではなく、私にとって「ある」のです。花が咲いているのを見ると足を止めたくなるように、子どもも私との関係の中で私の関心を引きつけます。ただし、親は子どもを持つことはできないので、自分の思いのままに育てることはできないのです。

他者が自分の期待を満たすために生きているのではないことをいつ知るかといえば、誰かを愛し始めた時です。その時、人生の主語が「私」から「私たち」になります。それまでは、「この人は一体自分のために何をしてくれるか」ばかりを考えていたのが、この人のために、さらには「私たち」のために私は何ができるか、と考え始めるのです。

親が子どもをこのように考えて愛することができれば、子どもを自分の手段にはしないでしょう。

フロムは、尊敬とは「人間のありのままの姿をみて、その人が唯一無二の存在であることを知る能力」であるといっています（『愛するということ』）。

また、「尊敬とは、他人がその人らしく成長発展してゆくように気づかうことである」ともいっています（前掲書）。**他人の成長、発展は自分のためではない**のです。

さらに、私は先の二人の詩と俳句を読んで、次のようなことを考えました。

ソクラテスの流れを汲《く》むディオゲネスという哲学者がいました。彼は生活上の必要を最小限にまで切り詰め、自足した生活を送っていましたが、ある日、小川の水を手で掬《すく》って飲んでいる子どもを見て、「私はこの子に負けた」と、持っていた頭陀袋に入っていた茶碗まで捨てたと伝えられています。

母が若くして脳梗塞で倒れた時、お金も名誉もどちらも手放せることを知りました。「もしも私が私の持っているものであるとして、そして私が持っているものが失われたら、その時、私は何ものなのか」（*To Have or to Be?*）

お金や名誉などをたとえすべて失っても、私は「ある」ものなのだから、失われることは決してありません。これからの人生を身軽に生きてみたいものです。

column アドラーの教え❸

幸せとは「貢献感」

アドラー心理学では、「貢献」という言葉を重視します。他人からの評価ではなく、自らの主観で「自分は他の人に貢献できている」と感じられることによって自分の価値を実感でき、その「貢献感」を持てた時、人は幸せになれる、と考えます。

しかし、老いや病気で寝たきりになった人は、貢献感など持てないのではないか、と考えるかもしれません。自分の価値を実感することは難しいのではないか、と。

私は五十歳の時、心筋梗塞で倒れて入院したことがあります。

その時、私もやはり「みんなに迷惑をかけてしまった」という思いから抜け出すことができませんでした。

そんな自分にも価値があると思うためには、どう考えたらいいでしょう。大切なのは、人間の価値を「行為」ではなく、「存在」の面で見ることです。

家族や友人が病気になった時のことを考えてみてください。知らせを聞いて病院に駆けつけた時、たとえ意識がない状態でも、生きているだけでよかったと思えるでしょう。病気で何もできなくなっても、生きているだけで、ほかの人に貢献しているわけです。

まず出発点として、「特別なことをしていなくても、ほかの人に貢献している」と考えていいのです。「生きているだけで自分には価値がある」と。そう思えれば、老いや病気にも立ち向かっていけるのではないでしょうか。

【第3章】

生きる喜びは、人との関わりの中で生まれる

「今、ここ」を、共に生きる

なぜ苛立ってしまうのか

『あれは何だ？』というギリシャで作られた短い映画を見たことがあります。

父親と息子がベンチにすわっています。突然、二人の前に雀《すずめ》がとまります。

「あれは何だ？」

そうたずねる父親に息子は答えました。

「雀だよ」

父は同じ問いを何度も繰り返しました。苛立った息子は答えました。

「今いっただろう。雀だって」

同じ問いと答えが何度も繰り返された後で、息子は怒り心頭に発してこういいました。

「何度もいったじゃないか、雀だ!!」

父親は何もいわずに立ち上がり、家の中に入って行きました。戻ってきた父親は古い日記帳を携えています。父親はその中の一節を読むように息子にいいました。

「今日、数日前に三歳になったばかりの息子と公園に出かけ、ベンチに一緒にすわっていた。雀が私たちの前にとまった。息子は、『あれは何?』と二十一回私にたずねた。私は『雀だ』と二十一回答えた。私は怒らなかった。息子が何度も何度も同じことをたずねるたびに、私は息子を抱きしめた。私は何も知らない小さな息子をいとおしく感じた……」

私の父は晩年、認知症を患いました。この映画に出てくる父親と同じように、父は今しがたいったことやしたことを忘れ、何度も同じことをたずねました。映画の中の若者のように私は苛立ちました。若者がやがて怒りを感じたのもよくわかります。

しかし、この映画の父親が記した日記が教えるように、私も父に同じことを何度もたずねていたはずなのです。そんなことがあったことは、幸か不幸か覚えていないのですが。

認知症になった親の言動に苛立つのは、親がかつてはできたことができなくなったという事実を受け入れることができないからです。子育ての場合は今できないことでもできるようになるという希望がありますが、親はこの先よくはならないと思ってしまい、実際、いろいろなことができなくなっていく現実を目の当たりにして、絶望的な気持ちになります。

私はやがて、次のように親についての見方を変えました。そのことで、親との関係は少しずつよくなっていきました。

まず、理想の親を見ることをやめました。**かつて何でもできた理想の親を見ている限り、現実の親はそこからの引き算でしか見ることができません。**

父が食事を終えた直後に「飯まだか」とたずねるようになった時、最初は驚き、落胆もしました。しかし、そのことをどれほど嘆き、腹を立ててみても、どうにもなりません。「飯まだか」と問われたら、ただ「もう食べたよ」といえばいいのです。食べたという事実を伝えれば、親の方も「そうか」といって納得します。

父は日を重ねると、いよいよできないことが増えていきましたが、私はとにもかくにも親と過ごせることがありがたいと思えるようになりました。映画とは違って、時には父にきつく叱《しか》られることもありましたが、いつかは別れの日が必ずくることを思うと、父が感情をぶつけてきても、父を責めることは少なくなっていきました。

それに、一日の大半の時間は穏やかにしているわけですから、瞬間的な感情の爆発にだけ心を向けることはないと思ったのです。

一緒にいられることに「ありがとう」

いつか、私の息子が夜遅く、「今日はありがとうな」といったことがあります。特にありがとうといわれるようなことをした覚えがなかったので、たずねてみると、一緒に過ごしたことに「ありがとう」といったことがわかりました。

私が親に同じようにいっていけない理由はありません。できないことが増えても、生きていること自体がありがたいことに思えるようになりました。すると、父が今しがたのことを忘れてしまっても、そのような親に対して寛容になることができるようになったのです。

また、このギリシャの映画からもわかるように、父が何もかも理解していることを知りました。自分や自分が置かれている状況について、はっきりと理解する瞬間があることがわかったからです。

父はある日、ふとこんなことをいいました。

「忘れてしまったことは仕方がない。できれば一からやり直したい」

父は過去の記憶の大半をなくしてしまいました。「忘れてしまったことは仕方がない」といった時、父は忘れたということをはっきりと理解していたわけです。父がそういうのなら、私も過去を手放そうと思いました。**今ここに父と生きていこうと思えた時、過去の父との軋轢《あつれき》、やがて父と別れることになる不安や恐れは、私の心から消えました。**

他者は敵ではなく仲間

現実的に生きるために必要なこと

「絶体絶命」などという言葉は普段あまり使わないと思いますが、この言葉がふと頭に浮かんだことがありました。

韓国の大邱《テグ》で講演をした時のことです。集まった二百人ほどの大学生、一般市民の前での講演とその後の質疑応答の模様は収録され、後日大邱放送（ＴＢＣ）で放映されることになっていました。

講演は二十分ほどで、何の問題もなく済むはずでした。

「アドラーは現実的に生きる、あるいは、地に足がついた生き方をするためにどうすればいいかということについて、次の三つのことをいっています」

テレビカメラが何台もあることを除けば、講演の内容はこれまでに何度も話してきたことなので、メモも持たずにステージに立ちましたが、格別緊張することもなく、落ち着いて話し始めることができました。

ところが、思いがけないことが起きました。「次の三つ」と話し始めたのに、一つ目が思い出せなかったのです。そこで、二つ目から話し始めることにしました。話しているうちに一つ目を思い出せると考えたのです。

「まず、『**理想の自分を見ない**』ということです。このありのままの自分でいいかといえばよくないかもしれませんが、そこから始めるしかありません。これが現実的に生きることの一番目の意味です」

ところが、ここまで話しても、一つ目として話すはずだったことを思い出せませんでした。仕方ありません。「次に」と、本当は三つ目として話すはずだったことを話し始めました。

「二つ目は、『**何かが実現したら、本当の人生が始まると考えてはいけない**』ということです。今のこの人生しか生きることはできないのです」

ところが、ここまで話し終えても、なお最初の話を思い出せませんでした。最初に「三つ」と話し始めたわけですから、ここで終わったらおかしいですし、この時の講演は後日放送されるのです。私が「絶体絶命」という言葉を思い出したのは、この時でした。

他の人からどう思われるかを気にしない

私はもうこれは撮影を止めてもらうしかないと思いました。

「すいません。カメラを止めてください」

会場がざわつきました。その時、右耳につけていたイヤホンから同時通訳の人の声が聞こえてきました。あらかじめ、講演の要旨を渡してあったので、最初にいうはずだったことをその人に教えてもらえました。

私が二つ目から話し始めたのを知っていたのは、その通訳の人だけでした。思いもよらぬ話の展開に驚いたに違いありません。

こうして、私はようやく最初に話すべきだったことを思い出すことができたのでした。

撮影が再開されました。

「さて、三つ目は……」

そう話し始めた時、会場から大きな拍手が起きました。私は講演内容を忘れるという大失態を犯してしまったので、そのことを皆にどう思われるかを気にしていたのですが、非難されるどころか、拍手で励まされた時、笑われるのではないか、あきれられるのではないかと思ってしまった自分の不明を恥じたのでした。

「三つ目は、『**他の人からどう思われるかを気にしない**』ということです」

こう話した時、私はなぜこれが最初に思い出せなかったかがわかりました。私は他の人、つまり、会場にいる人にどう思われるかを強く気にしていたので、そんな自分が「他の人からどう思われるかを気にしない」とはいえなかったのです。

話を忘れた時に私が考えるべきだったのは、どう思われるかということではなく、どのようにすれば忘れてしまった話を思い出せるかと考えることだったのです。それなのに、私は自分の失敗を隠そうと思いました。しかし、話を忘れたことに気づいていたのは、通訳の人だけなのですから、忘れた時点で話を止めたらよかったのでした。

他の人は自分の失敗を笑うのではないかと思っている時、私は他の人を「敵」だと思っていたのです。アドラーは、**他の人は隙あらば陥れようとするような怖い人ではなく、必要があれば援助する用意がある「仲間」**だと考えました。そのように思えれば、たとえ失敗しても、どう思われるかを気にしないで、失敗を回復する努力をすることに専念できます。

他者は仲間だと思え、そのような他者と自分は結びついていると感じられることをアドラーは「共同体感覚」といっています。この感覚は言葉として理解するだけでは十分ではありません。私が話を中断した時から会場には一体感が生まれました。この日、たしかに私はこの感覚を経験することができました。

人の課題に土足で踏み込まない

責任を誰が引き受けるのかを考える

ある日、買い物をしていたら声をかけられました。私の教え子の母親でした。久しぶりの再会だったので、近況をたずねたところ、「娘はまだ結婚しないで、ずっと家にいるのです」という答えが返ってきて驚きました。ずっと家にいるといってても仕事はしているということなので何の心配もないはずなのですが、「誰かいい人紹介してくれませんか」といわれ困ってしまいました。

私の若い友人の顔が一瞬思い浮かびましたが、仮に二人が交際を始め結婚することになったとして、その後二人が仲良く暮らしていければいいのですが、うまくいかなければ私は責任が取れないと思いました。もちろん、二人が結婚を決めたのであれば、知り合ったきっかけがどうであれ二人の責任であることは間違いありませんが、後々、私が紹介さえしなければこんなことにはならなかったといわれても困ります。そう考えた私は、「心がけておきます」といってその場を去りました。

今は若い人は親が心配しなくても、結婚する人はしますし、しない人はしません。結婚だけでなく、進学や就職などについても自分で決めるのが当然で、親に相談することなど最初から考えもしません。

ですから、私の教え子は、親が私に結婚相手を紹介してほしいといったことを知れば、きっと余計なことをしたと怒ったのではないかと想像します。

あることの最終的な結末が誰に降りかかるか、あるいは最終的な責任を誰が引き受けなければならないかを考えた時に、そのことが誰の「課題」かがわかります。

結婚を例にすれば、結婚する、しない、また誰と結婚するかは、明らかに（といっていいと思うのですが、抵抗される方は多いです）子どもの課題です。結婚してもしなくても、誰と結婚しても、その結末は子どもに降りかかるのであり、責任は子どもが引き受けなければならないからです。

人の課題への過干渉がトラブルを生む

およそあらゆる対人関係のトラブルは、人の課題に土足で踏み込むこと、あるいは踏み込まれることから起こります。子どもが勉強しなければ親は心配になり、「勉強しなさい」といいたくなるでしょうが、子どもの課題なのですから、何もできないのです。進学、就職、結婚など子どもや孫が人生の岐路に立たされた時でも、静観するしかありません。

それなのに、口を挟みたくなるとすれば、子どもや孫が自分の課題を自分では解決できないと思っているからです。自分のことをいつまでも子ども扱いする大人はうるさがられたり、敬遠されたりするでしょう。

アドラーは、「もはや自分が必要とされてないのではないかと恐れる人は、がみがみ小言をいう批評家になる」と指摘しています。若い人の課題に口を挟むのは、せめてうるさがられたり、嫌われたりすることで、自分の存在を認めさせたいと思っているからです。中にはあわよくば、今は反対したことで嫌われても、いつか感謝されるに違いないと思っている人もいます。

他方、嫌われたくないので「心優しい気立てのよい老人」になる人もいます。そのような人は、子どものことに何一つ口を挟まず、子どもや孫の人生には無関心です。若い人にしてみれば、うるさくいわれるよりもはるかにありがたいでしょうが、家族としてこれでいいのかといえば、手放しでそうとはいえません。実際、たしかに若い人が決めたことが、後々問題になることがあるからです。若い人が問題にぶつかる前に、何とかしたいと思うのは当然です。

しかし、そのような場合でも、子どもや孫の課題に踏み込むことは原則的にはできません。自分の考えを伝えたいのであれば、「あなたの結婚（就職）のことで話をしたいのだけど」と話を切り出し、もしも話をしてもいいといわれたら、あくまでも自分の考えとして意見をいうにとどめます。断られたら「またいつでも力になれると思うので、その時はいってね」と引き下がるしかありません。

このような手続きを踏めば、子どもや孫の課題に土足で踏み込むことにはなりません。どう対応していいか迷った時は、もしもこの子が私の大切な友人ならどうするかを考えれば、対応を誤ることはありません。知らない人であれば何もしないでしょうが、大切な友人であれば、力になりたいと思うでしょう。しかし、友人が困っていても、いきなり土足で友人の課題に踏み込むことはないはずです。

重要なのは、「今のままだったらどうなると思う?」といった時に、子どもや孫からその言葉を皮肉や威嚇や挑戦と受け取られないような関係を築いておくことです。そのためには、まずは**子どもや孫の課題に土足で踏み込まず、頼まれもしないのに説教しない**ことが大切です。

その上で、助言を求められたら、人生の先輩として身につけた知恵を語ってください。何も助言できなければ、そのことを率直に認めましょう。そうすれば、子どもも孫もあなたを当てにするわけにいかないことを悟り、自立できるでしょう。

真の親子関係を築くために

子どもを愛しすぎない

娘が結婚した時、新居が完成するまでの間、平日はしばしば帰っていたため、寂しいと感じることはありませんでした。ところが、いよいよ新居が完成すると、娘は当然のことながら帰ってこなくなりました。

母親と娘との親密な結びつきについて語られることは多いですが、父親と娘が近い関係ではないのかといえば、そうではないでしょう。

私は森有正のことを思い出しました。彼はデカルト、パスカルの研究者で、パリに留学、そのまま彼の地で客死した哲学者です。

森の親しい友人だった作家の辻邦生《つじくにお》が、森が七年間滞在したカルティエ・ラタンを去って新しいアパルトマンへ引っ越した時の様子を記しています。それと前後して、森の成人した娘が日本からやってきました。

森は引っ越しの間中、窓際にすわってほとんど動こうとはしませんでした。「今どの辺を飛んでいるかな、とパリに来る娘さんのことしか頭にない様子だった」と辻は書いています（『海そして変容　パリの手記Ｉ』）。

娘がやってくると、森の生活に「新しい面が、あるいは次元」が加わり、「極度に混乱していた生活」が安定し始めました（森有正『流れのほとりにて』）。

引っ越しの日の森の様子からは、森が娘を溺愛《できあい》しているようにしか見えませんが、その娘について次のようにいっています。

「娘が余り僕を愛しすぎぬよう気をつけなければならない。かの女は自分で自分の道を見出さなければならない。僕の内面は一切かの女に影響をあたえてはならない」（前掲書）

自分と娘の絆《きずな》はすでにあまりに強く、「いつも静かに存在している父」、ただそれだけで、その框《わく》を超えないよう全力をあげて努力しなければならない、と森はいうのです。

「僕は死に直面しても娘などに傍へ来てもらいたくない人間にならなければならない。娘がどこかに存在している、ということだけが僕のよろこびであり、慰めであるような人間にならなければならぬ」

「娘が余り僕を愛しすぎぬよう」といっていますが、その実、自分が娘を愛しすぎないようにと戒めているのです。

親による愛情という名の支配

親が子どもを愛してはいけないわけではありません。しかし、**愛しすぎると親子の絆は強すぎるものになり、子どもは親から、親は子どもから自立できなくなります。**

多くの親は「いつも静かに存在している」ことに満足できず、子どもに頼まれもしないのに、子どもの課題に手出し、口出ししてしまいます。そうすることが子どものためであると固く信じて。

子どもがその親の言葉に何の疑問も感じず、親のいうことを聞いていれば、その親子は仲がいいように見えます。しかし、いつまでも蜜月は続きません。森はいいます。

「娘のよいお友達になる？　考えただけでぞっとする」

親がこんなふうに思うことは少ないかもしれません。多くの場合、子どもが親の愛情の名に隠された支配に気づくので、親子の関係のあり方は変わります。

もっともこのような変化が起きる時、親子が激しくぶつかり合うというようなことが必ず起こるわけではありません。

息子が小学生だった時、祖父の家に泊まりに行ったことがありました。一人で泊まったのは初めてでした。出かける時に息子が呟《つぶや》いた言葉を私は聞き逃しませんでした。

「こんなふうにして僕はお母さんから離れていくんだ……」

親子の真の結びつきとは

私が会う若い人たちは、皆、親に逆らわない「いい子」ばかりだといっても過言ではありません。親だから私のためを思っていってくれている。そう信じて疑わない子どもは、親が理不尽なことをいっても反抗しないのです。

親が子どもを自分に従わせ、子どもも何の疑問もなく親に従っているような、表面的にはいい関係は、一度は崩すべきだと私は思います。偽りのよい親子の結びつきを真の結びつきにするためには、どうしても避けてはいけないことなのです。

どうすればそれが可能になるのか。

まず、**子どもが自分の責任でしなければならないことに、親が踏み込まない**ことです。親からすれば、知識も経験も足りない子どもは頼りなく見えます。失敗することもあるでしょう。それでも、あえて子どもたちを見守る勇気を持たなければ、子どもは自分の人生に責任を取らなくなります。

次に、**親子という仮面を外す**ことです。仮面はラテン語では「ペルソナ」といいます。英語のパーソン（人）の語源です。親と子どものそれぞれが、親と子どもという仮面を外し人間として関われば、親は「あなたのためを思って」とはいわなくなり、子どももそれが親の愛だとは思わなくなるでしょう。

一人の人間として相手と向き合う

子どもの独立が夫婦関係を見直す機会に

娘が結婚すると生活が激変しました。妻と二人きりになったのです。結婚当初は父と同居していましたが、間もなく父が横浜に転居すると、子どもが生まれるまでの五年間、妻と二人だけの生活になりました。娘が家を出て行ったので、再びその時の生活に戻ったわけです。

かつて、息子が三歳のある日、真顔でたずねたことがありました。

「僕がいなくて、二人だけで寂しくなかった？」

やがて娘も生まれたため、子どもたちがいなかった時、一体どんなふうに毎日を過

郵 便 は が き

料金受取人払郵便

神田局承認

4687

差出有効期間
2020年 3 月
31日まで

1 0 1 － 8 7 9 1

5 0 9

東京都千代田区神田神保町 3-7-1
ニュー九段ビル

清流出版株式会社 行

フリガナ		性　　別		年齢
お名前		1. 男	2. 女	歳
ご住所	〒 TEL			
Eメール アドレス				

お務め先 または 学校名	
職　種 または 専門分野	
購読されている新聞・雑誌	

※データは、小社用以外の目的に使用することはありません。

「今、ここ」にある幸福

ご記入・ご送付頂ければ幸いに存じます。　初版2019・6　**愛読者カード**

❶本書の発売を次の何でお知りになりましたか。

1 新聞広告（紙名　　　　　　　　　　）2 雑誌広告（誌名　　　　　　　　　　）

3 書評、新刊紹介（掲載紙誌名　　　　　　　　　　）

4 書店の店頭で　　5 先生や知人のすすめ　　6 図書館

7 その他（　　　　　　　　　　）

❷お買上げ日・書店名

年　月　日　　市区町村　　書店

❸本書に対するご意見・ご感想をお聞かせください。

❹「こんな本がほしい」「こんな本なら絶対買う」というものがあれば…

❺いただいた ご意見・ご感想を新聞・雑誌広告や小社ホームページ上で、

（1）掲載してもよい　（2）掲載は困る　（3）匿名ならよい

ご愛読・ご記入ありがとうございます。

ごしていたかは、今ではよく思い出せません。

それほど子どものことに意識を向け生きてきた夫婦であれば、**子どもの独立は、これからも長く生活を共にするパートナーとの関係のあり方を見直す絶好の機会**にすることができます。

私は心理学を教えているので、学生から恋愛相談を受けることがよくあります。中には、自分と同じようなタイプの人を恋愛の相手として選びたいという学生がいます。好みなどが同じで、似たような考え方、感じ方をする人であれば、気が合って安心できるからということでしょうが、実際には、まったくタイプが違う人と付き合うほうがおもしろいという話をします。

恋愛は驚きから始まる

「相手の目で見て、相手の耳で聞き、相手の心で感じる」ことを、アドラーは「共同体感覚」と呼んでいます。実際にはそんなことはできません。なぜなら、私は自分の目でしか見ることはできず、自分の耳でしか聞けず、自分の心でしか感じることはできないからです。

しかし、恋している人は、相手の考え方、感じ方などが自分とは大きく違っていれば、あまりの違いに驚くでしょうが、その違いを受け入れようとするはずです。つまり、自分を捨て、相手に合わせようとするのです。

自分だったらどう感じるか、どうするかではなく、もしも私がこの人の立場であればどう感じるか、どうするかと考えられることをアドラーは「共感」と呼んでいます。相手の立場に立つことは難しいことですが、「私だったら……」といわば自分の尺度で相手を見ている限り、相手を理解することはできません。

自分とは違った考え方、感じ方があると知ることは、人生を豊かにします。ギリシアの哲学者であるアリストテレスは「哲学は驚きから始まる」といいましたが、恋愛も驚きから始まるのです。

ところが、長く一緒に暮らすと、この驚きがなくなってしまいます。しかし、二人になった今こそ、相手の言動が気にかかり、相手にかける言葉を慎重に選ぶ努力をし、自分とは違う相手の感じ方、見方に驚いていたあの頃に、関係を戻してみたいのです。

夫婦という仮面を外す

そのために二つのことを提案します。

子どもが生まれると、相手の呼び方を変える人がいます。「お父さん」「お母さん」というふうにです。しかし、これは、子どもの立場から相手を呼んでいるのですから、よく考えるまでもなくおかしいのですが、そのことに気づかない人は多いように思います。

そんなふうに互いを呼び合ってきた夫婦は、子どもがやがて親元からいなくなっても、相手を同じように呼び続けるかもしれませんが、今は子どもを間に挟んで相手を呼ばなくていいのですから、まずは**相手の呼び方を変える**ことが一つです。

このように相手を子どもの親とは見ないことに加えて、もう一つは、お互いに**夫婦という仮面を外す**ことです。

この仮面を外すことには勇気がいります。何かの役割を生きているほうが、その役割に期待されていることがはっきりしているので楽だからです。一人の人間として生きようとすれば、たちまちどうしていいかわからなくなります。

いつか、父が私に「お前がしているカウンセリングを受けたい」と言い出したことがありました。家族には利害関係があるので、カウンセリングをすることは難しいのですが、父子という仮面をつけたままであれば話せなかったことを、人間として向き合って話すことができました。おかげで、それまでは遠いと思っていた父との関係が近くなったと思えました。

夫婦も同じです。**夫婦という仮面を外すことで、長い人生の中でよく知っていたと思っていた相手の中に違う面が見えてきます。**そうすれば、知り合った頃のように、日々の生活は再び驚きに満ちたものになるでしょう。

決断する勇気

「断る」ということ

心筋梗塞で入院していた時、病気を理由に仕事を断ってもいいかと主治医にたずねたことがありました。医師は言下に「是非、そうしなさい」と答えました。

すべての仕事を断るのであれば、話は簡単だと思いました。しかし、退院したら仕事をしないわけにはいきません。医師は私の思いを先取りしてこういいました。「仕事は制限しなければなりません」

この話をした時には、私はまだ病院内を恐る恐る歩くことしかできませんでしたから、入院する前のように仕事ができるとは思えませんでした。ですから、仕事を制限

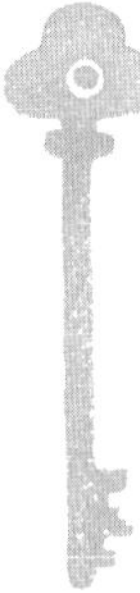

しなければならないと医師がいうことに異存はありませんでした。

「しかし、どの仕事を引き受け、どの仕事を断るかは自分でしか決められないし、ロジカル（論理的）には決めることはできません」

幸い治療が功を奏して、ひと月ほどで退院することができました。入院してからは仕事の依頼は一時途絶えましたが、しばらくするとまた仕事を依頼されるようになりました。そこで、以前と同じように、講演の仕事であれば、先約がなければ引き受け、先約があれば断っていました。このようにしたのは、自分で決めることを回避したかったからです。

これはたしかにロジカルではあったのですが、この原則で仕事を受け始めると、受けたくない仕事も受けなければならないことになります。本や雑誌の執筆依頼であれば、大抵締切はずっと先のことですから、同時に複数の依頼を受けることができましたが、気づけばたくさんの仕事を受けてしまっていました。これでは身が持たなくなり、いよいよ仕事を選ぶことを余儀なくされました。

仕事を選ばなければなりませんが、その際、ロジカルには決められないと医師がいっていたことに思い当たりました。自分がしたいかしたくないかで決めることは恣意《しい》的に思えますが、医師はそれでいいといっていたわけです。

どう思われるかは「不要なもの」

私が病気を理由にすべての仕事を断れるのであれば話は簡単だと思ったのも、先約の有無で仕事を引き受けるか、断るかを決めていたのと同様、自分で決めなくてよかったからです。その病気もよくなると、仕事を断る理由にはなりません。一体、何を基準に選べばいいのでしょうか。

長崎で被爆した作家の林京子《はやしきょうこ》がこんなことを書いています（『被爆を生きて』）。同窓会に行くことになった時に、着る服がないから行けないと元夫にいったところ、彼は友だちに会いたいのか、それとも洋服を見せに行きたいのかとたずねました。

「お友達に会いたい」

「じゃあ第一義をとりなさい。第一義を決めたら、あとの不要なものは捨てなさい」

どんな決断をする時にも、第一義をとらなければなりません。仕事を引き受ける、断るということについては、「断ったらどう思われるか」などと考えなくていいのです。どう思われるかということは、「あとの不要なもの」なのです。すべての仕事を引き受けることができないのであれば、限られた条件の中で最善の仕事をすることだけを考えなければなりません。

友人からランチに誘われた時も、断ったらよく思われないのではないかと考え、行きたくもないのに行けば、その時間を楽しめず、その間に本当にしなければならないことができません。断ったら、よく思わない人がいるかもしれませんが、そんなふうに思う人とは付き合う必要はないのです。

第一義を優先する

友人が入院したことを知った時、見舞いに行ったものか迷うことがあります。そのような時も、第一義は何かを考えなければなりません。友人であれば取るものも取りあえず駆けつけるはずです。見舞いに行かなかったらどう思われるだろうというようなことは、見舞いの理由にはなりません。

入院していた時、友人の見舞いが嬉しかったのは、私の様子を知りたくてきてくれたからで、後から「なぜ見舞いにこなかったか」と私に思われないためにきてくれたからではないのです。

江戸時代の蘭学医、緒方洪庵《おがたこうあん》は、将軍家の主治医になることを命じられました。「老後多病の身」として再三再四固辞したにもかかわらず、やむをえず受諾しました。心労のせいか、洪庵はその後一年も経たずに五十四歳で病死しました。

他方、『大漢和辞典』を編纂した諸橋轍次《もろはしてつじ》は、生来虚弱でしたが白寿までの長命を保ちました。なぜ長生きできたのかと問われ、こう答えました。「義理を欠いたからです」

断ることには勇気がいります。それは決してわがままなどではなく、第一義をとるために必要なことです。**第一義を優先することが結局のところ他者をも利することになる**のだと考え、一時的な感情的な軋轢を恐れてはいけないと思います。

相手の「今」に寄り添う

相手の考えを理解する努力を

あるところで講演をした時のことです。講演を終え、質疑応答に移りました。最後に質問に立った男性が話し始めた時、困ったことが起こりました。その人の話がまったく聞き取れなかったのです。

最初はその土地の訛《なま》りのせいかとも思いましたが、おそらく皆の前で話すようなことは普段はなく、緊張して早口で話されたので聞き取れなかったことがわかりました。

たとえ緊張していなくても、質問する時に筋道を立ててわかりやすく話すことは難しいものです。そのように話せたら、それだけで疑問が解けることもあるくらいです。

カウンセリングにこられる人が、「うまく話せませんが」「話がまとまってなくて」と最初に断ることがありますが、問題解決の糸口が見つかっていないのですから、うまく話せなくて当然なのです。ですから、話を聞く側がしっかり話を聞き、話を理解し問題の所在を突き止めることに努めなければなりません。

このことは、カウンセリングに限りません。人と話す時は、どんな時も聞くことが基本です。もちろん、聞くだけでなく自分も話すのが自然なので、どちらかがずっと聞いていることはありませんが、誰かと一日一緒に過ごして、今日はたくさん話せてよかったと思う時は大抵話しすぎです。少し話し足りなかったと思うくらいが、ちょうどいいのです。

話を聞くためには、当然ながら、相手が話そうという気にならなければなりません。この人には話しても仕方がないと思われたら、相手は口を固く閉ざすでしょう。そうならないためには、次の二つのことに気をつけなければなりません。

一つは、**話を最後まで聞く**ことです。相手にしてみれば、決して言葉を挟まず話を聞いてもらえると思えればこそ、話そうという気になります。

もう一つは、**相手の話を決して批判しない**ことです。これは存外難しいです。大人が子どもや年老いた親の話を聞く時に、話をしっかり聞かないで、「それは違う、おかしい」などと批判してしまいます。批判でなくても、求められてもいないのに意見をいってしまいます。

相手の考えと自分の考えが相容れないことはあります。それでも、相手の考えを理解することが基本で、賛成するかしないかはまた別問題です。「あなたのいうことはわかる、でも賛成できない」ということもあるのです。

ですから、**たとえ受け入れがたい考えであっても、理解する、あるいは、少なくとも理解する努力をする**ことは大切です。その上で、自分の考えを述べてもいいですが、自分の考えを述べてもいいか断ることは必要です。そうしなければ、子どもや孫が絵を見せにきた時に批評すると、二度と見せにこなくなるというようなことが起こります。

相手がいつも同じ話をする時はどうすればいいでしょう。「その話は前に聞いた」ということもできますが、せっかく話そうとしているのに水を差すことになってしまいます。

この場合、同じ話が繰り返されることはないと思って聞いてみることが大切です。また同じ話かと思って聞くと気づけませんが、細部は必ず違うのです。前に話されたことが今回は話されないということもあります。

このような違いは、話す人の「今」が違ってくることから起こります。詳しく語られることは、相手が「今」関心があることですし、話されなかったことは、今、相手の関心事ではないということです。

私の友人の精神科医は子どもの頃、いつも祖母の話を聞いていました。「この話、前にしたことはないか」とたずねる祖母に、「おばあちゃんの話は何度聞いてもおもしろい」と答えていたそうです。

相手の話が明らかにおかしいと思える時はどうすればいいでしょう。この場合もいきなり否定しないで、話に注意深く耳を傾けることが必要です。

ある時、父が起きてくるなり、思い詰めた表情で「今日中に帰る」と言い出しました。認知症が重くなったため、一人暮らしをしていた父を引き取って、家で介護していた時のことです。父の家は引き払っていましたから、帰るところはなかったのです。父がこんなことを言い出したので私は驚きましたが、ともあれいったんソファにすわるようにいって、話を聞きました。すると父は、「今は仮の住まいで暮らしていて、ずっと帰らないといけないと思っていた」と話しました。そこで、私は父に、ここは仮の住まいではないことを丁寧に説明しました。

「そうか、ここが私の家だということか？　では、もうどこにも行かなくていいんだな？」

父はようやくここが終《つい》の住処《すみか》であることを理解しました。そのことがわかって以来、父は落ち着いたように見えました。

話を聞くというのは、性急に何かをしなくてもいい、「今」はここにしか自分がいるところはないことを悟る援助をすることだと私は考えています。「次」にどうするかを考える必要はありますが。

他人の言動によい意図を見出す

「忖度」することの意味

近年、「忖度《そんたく》」という言葉が頻《しき》りに使われるようになりました。本来の意味は、他の人が何を考え感じているかを推し量るということで、忖度自体が問題であるわけではありません。人が何を考えているかをまったく考えないで生きることなど、できないからです。

自分のことを「暗い」と悩む人から、よく相談を受けることがあります。私はそのような人にこういいます。

「あなたはいつも自分の言動が他の人にどう受け止められるかを意識できる人であり、

少なくとも故意に人を傷つけようと思ったことはないのではありませんか」

自分の言動を他の人がどう受け止めるかを考えられる人は、「暗い」のではなく「優しい」のです。もちろん、あまりに他の人の気持ちを意識しすぎると何もいえなくなってしまいますが、人の気持ちを考えられるのは大切なことです。

私は忖度という言葉をかなり以前から使っていました。いいたいことがあっても、またいわなければならないことがあっても、どう思われるかを気にするあまり何もいわなくなると、摩擦は生じないのでよい関係に見えますが、長い目で見ると本当によい関係にはなりません。人を傷つけることは許されませんが、**いいたいこと、いうべきことをいえる関係こそが、よい関係を作る**といえます。

今は、忖度という言葉が本来の意味とは違って、相手に気を配って何かをするという意味で使われています。他の人が自分に何を求めているかを推察し、いわれなくてもそれをするのは、相手からよく思われたいからです。

このような忖度をするようになるのは、ほめられて育ったからです。親が子どもをほめるのは、子どもが親の理想とする行動をした時であり、その時にだけ子どもを認めるという意味です。子どもは親に認められたいと思うので、何かをする時、親からほめられるかどうかを考えるようになります。

親は、子どもがほめられようと思って行動するようになれば、子どもを制御し自分の権内に置くことができるのです。

文化的な背景もあります。日本の文化では思いやりや気配りを重視し、相手が言葉に出さなくても、何を考え、感じているかがわかるべきだと考えます。もしも本当に正しく相手の気持ちが理解できるのであれば、素晴らしいことでしょうが、実際にそうすることは容易ではありません。

基本的には、言葉で発せられなくては何も通じないことを前提にして対人関係を築かなければ、気配りや思いやりは間違うことがあるので、関係をかえって悪くします。

私は、「**他の人の気持ちや考えは推し量ってはいけない**」と考えています。誤解することを避けられないからです。

他の人が何を考えているかはわかると考えている人は、他の人も自分と同じ考え方、感じ方をすると信じて疑いません。「子どものことは親であるこの私が一番わかっている」という親は多いのですが、長年一緒に暮らしてきた家族であっても、同じように考え、感じるはずはありません。

「わからない」から始める

他の人を理解することは難しいと知った上で、理解する、少なくとも理解に近づくためにはどうすればいいでしょう。

まず、「わかる」ではなく「わからない」から始めることです。わかると思うと、誤解することになります。「自分だったらどう考え、どう感じるだろう」と自分を尺度にして話を聞くからです。**自分を尺度にしないで、相手の立場に身を置く**ことが必要です。もしも私がこの人だったらどう思い、どう感じるかと想像してみるということです。

次に、相手との距離が近くなければなりません。ただし、あまりに近いとかえってわからなくなります。そうかといって、相手とあまりに遠く離れて向き合う、さらには、敵対するようでは相手を理解することはできません。距離を取ろうとする人は、最初から相手を理解しようとは思っていないのです。

第三に、よい意図を見なければなりません。相手と敵対している時はよい意図を見ることはできませんが、それができて初めて相手を理解できるといえるのです。

相手の心を読むことは難しいのですが、**こちら側が決心すれば、相手の言動によい意図を見ることはできます。**これとて、厳密には間違っていて、相手は少しもそういう意図を持っていないかもしれないのですが、相手との関係をよくするためには必要なことです。

こちらも相手のことがわかっていないけれども、相手は自分がわかっているかといえばそうとは限りません。むしろ、自分のことは自分ではわかっていないということもよくあります。

もしも、相手の言動に見出したよい意図を相手にも伝えれば、思いがけずそれを相手が受け入れることもありえるのです。

ダンスをするように今を生きる

古代ギリシアの哲学者・アリストテレスは、運動を「キーネーシス」と「エネルゲイア」に分けて考えます。「キーネーシス」とは、起点と終点のある動き、例えば通勤や通学などの移動です。その動きはできるだけ効率的であることが望ましく、目的地に至るまでの動きは、まだたどり着いていないという意味で、不完全です。

一方、「エネルゲイア」とは、「今なしつつある」ことが、そのまま「なしてしまった」ことであるような動きです。例えば、ダンスの動きです。踊ること自体に意味があり、どこかに到着するために踊るわけではありません。その時々の動きが常に完全です。

それでは、生きることは「キーネーシス」と「エネルゲイア」のどちらの動きでしょうか。

確かに、人生には始点と終点があります。その二つをつなぐ線として、人生をとらえる人もいるかもしれません。しかし、そのように人生をキーネーシス的にとらえると、若くして志を遂げずに人生を終えた人は、不完全な人生を送ったことになってしまうでしょう。

生きることは、始点と終点がある動きではなく、ダンスを踊るような動きといえるのではないでしょうか。そのようにエネルゲイア的に人生をとらえれば、いつ人生が終わることになっても、「道半ば」で倒れたことにはなりません。その時々で「今」を生ききっているからです。

【第4章】

希望が人生を拓き、人生を変える

希望を失うことはできない

希望を持つことと断念すること

第二次大戦末期の一九四五年三月、哲学者の三木清は思想犯の友人を匿《かくま》ったという嫌疑で逮捕されました。敗戦後も三木はすぐには釈放されず、誰にも看取られることなく、獄中で病死しました。

そのような死を迎えることになるとはよもや思ってもいなかったはずの三木は、大学生の時に「私は未来へのよき希望を失うことが出来なかった」と書いています（『語られざる哲学』）。希望を「失わなかった」ではなく、希望を失うことが「出来なかった」のです。三木のことを初めて知った高校生の頃から、私は三木が獄死したことに驚愕し、獄中にあってもなお、「未来へのよき希望を失うことが出来なかった」だろうかと、三木の心中を思い巡らしたものです。

三木のような体験をしなくても、厳しい現実を前にして、希望を持つことを諦《あきら》めた人は多いのではないかと思います。

親は子どもが学校を卒業し堅実な仕事に就くというのであれば反対しないでしょうが、「画家になりたい」「音楽家になりたい」などと突然言い出せば反対するでしょう。物わかりのいい親であっても、強く反対しないまでも「希望を持つのはいいが現実は厳しい」「もっと現実的になれ」と、子どもの希望を断念させようとするかもしれません。

たしかに、現実認識が甘く、自分の能力についての見極めができていない子どもはいます。他人ならいざ知らず、我が子がそのようであれば親が止めようとする気持ちはわからないわけではありません。

断念することが一概に悪いわけではありません。三木は『人生論ノート』の「希望について」を次のように締めくくっています。

「断念することをほんとに知っている者のみがほんとに希望することができる。何物も断念することを欲しない者は真の希望を持つこともできぬ」

三木は希望にも断念にも「ほんとに」「真の」と限定をしています。初めからすべてを諦めているような人は、本当の意味で断念することを知らないのです。反対に、何も断念できない人は、真の希望を持つことはできません。

多くのことを諦めなければならないことはあります。歳を重ね、若い頃のように身体の自由が利かなくなったり病気になったりすると、これもしたい、あれもしたいという希望を諦めなければならなくなります。**いつまでもできなかったことを思い後悔するのではなく、残されたことのうちからできることを選び取っていく**しかありません。

しかし、多くのことを諦めることになっても、最後の最後に残る希望があります。それは、もはやこれやあれやの希望ではなく、それを持ち続ける限り、どんな状況においても生きている限り、絶望することなく生きることができる希望です。そのような希望こそ、失うことはできないのだと三木は考えているのです。

希望とは「他から与えられるもの」

一体なぜ、希望を失うことができないのでしょうか。希望は自分によるのではなく、「どこまでも他から与えられるもの」だからです。

心筋梗塞で入院することになった時、私は「よき未来への希望」を失いました。そんな時に、私に希望を与えてくれたのは、家族や友人、それに医師や看護師でした。入院していた時に、休職していた学校に電話をしました。電話に出た先生は私にいいました。「どんな条件でも必ず戻ってきてほしい」と。復帰することを待っている人がいることを知った時、私はこの先生から希望を与えられたのでした。

主治医は私に「本は書きなさい。本は残るから」といいました。この言葉は、希望を失った私に未来を約束するものでした。

この医師は決して気休めをいったのではありません。私は医師の言葉によって生きる希望を見出しました。たとえ、病状がよくなく、今後長く生きられないと告げられたとしても、医師から与えられた希望を私が失うことは、もはやなかったでしょう。

やがて危機を脱して、ベッドに身を起こせるようになると、「私も他の人に希望を与えられたら」と思うようになりました。希望を与えるためには、二つのことが必要です。

一つは、**厳しい現実があっても自分に与えられた課題に取り組み解決できる力があると信じる**ことです。若い頃、哲学を学ぶと私がいった時、私がすることはすべて正しいのだから見守ろうと、反対する父を説得してくれたのは母でした。

もう一つは、**直接他の人に何かをしなくても、自分の生きる姿勢が他者に希望を与えうると考える**ことです。はたして私にそのようなことができているのかと思うと忸《じく》怩《じ》たるものがあるのですが、与えられたものを返していければといつも考えています。

喜びは人を結びつける

笑いは喜びの要石

東京で暮らしている息子が帰省すると、我が家にはいつにもまして、笑い声があふれます。息子と娘がたわいもないことで大きな声をあげて笑っているのです。娘に聞くと、「子どもの頃はお兄ちゃんとは仲が悪く、喧嘩《けんか》ばかりしていた」というのですが、私には子どもたちが喧嘩をしているのを見た記憶がまったくありません。二人はずっと仲がよかったのだと思い込んでいたので、娘からそんな話を聞いて驚きました。

アドラーは、怒りは「人と人とを引き離す情動」だといっています。誰も自分に怒りを向ける人を好きにはなれず、怒る人と自分との距離を遠く感じるという意味です。

それに対して、喜びは「人と人とを結びつける情動」であり、笑いはその喜びの要《かなめ》石《いし》だといっています。**誰かが笑うと喜びはまわりの人に伝染し、笑った人と一つになったように感じます。**

長くアルツハイマー型の認知症を患っていた父の介護をしていたことがあります。

父は次第に感情が希薄になり、一日の大半を眠って過ごすようになりました。食事時は必ず起きてきますが、父は家族の輪に入れず、皆が談笑していても、ふと寝ようと思い立ったら何もいわずに寝室に戻りました。父にはその場を共にする人が誰もいないかのように見えました。

認知症という病気はよくはならないと主治医に聞かされていたので、少しずついろいろなことができなくなると、「もうこの先あまり長くはないかもしれない」と絶望的な気分になることが度々ありました。

しかし、家族にとって喜ばしいことには、そんな父がある日、霧が晴れたかのように、病気になる前のように回復していることが時折あったのです。

やがて、そのようなことも滅多に起こらなくなりましたが、それでも、他の家族と同じ場、同じ時間を共有しているように見える時がありました。

父は起きている時には、いつも同じ椅子《いす》に腰掛けていました。父がすわっている場所からは庭の木々が見えました。そこには時折、ヒヨドリが椿《つばき》の花の蜜を求めてやってきました。その度に父は大きな声を出して笑いました。

父の大きな笑い声を聞くと、その場に居合わせた家族にも、父の喜びが伝わってきました。父の喜びを共有する瞬間には、過去も未来も存在しません。不意に訪れる幸福は「今、ここ」だけのものでした。

喜びを表現することで困難を克服する

もしも、誰かについてその人がどんな人なのかを知りたければ、その人が笑っているところを見るといいとロシアの作家、ドストエフスキーがいっています。

「笑い方がよかったら、よい人間なのである」（『未成年』）

父はまさに「よい人間」でした。

アドラーは「喜びは困難を克服するための正しい表現である」といっています（『性格の心理学』）。

困難な状況にあれば、怒りを感じることもあれば、悲しみに打ちひしがれることもあります。しかし、怒りを表現するだけでは問題を解決できません。

悲しくて泣いてしまうこともあるでしょう。泣けばまわりの人の同情を引くことに成功し、まわりの人は何か力になれることをしようとするのでしょうが、自分では何もしないで、他者の援助に依存することになってしまいます。

他方、喜びはなぜ「困難を克服するための正しい表現」といえるのか。**笑いに表現される喜びは、人と人を結びつけます。**他者と自分が結びついていると感じられる人は、他者に協力することに喜びを感じます。その協力は一方的ではなく、自分が困っている時には、他者に援助を求めることもできます。

怒りも悲しみも、他者に関心を持ち、他者に協力し、他者を援助する行動をしようと思えるようになれば鎮めることができます。そのためには、**喜びを表現することで、他者と結びついていると感じればいい**のです。

詩人の金子光晴《かねこみつはる》は、後にも先にも一度だけ、自分で自分の命を絶とうと考えたことがありました。

「そのときも僕は、僕のねているベッドの下で地球がうごいているのを感じた。胸がいっぱいになったが、のどまでつまっているその感情は、悲苦ではなくて羽目を外して、世界中びっくりするような大笑いの発作の前のような気持であった。それから僕はすこしばかりではあるが、これから着々とすすめてゆこうと思っている計画に、それを決行する勇気が加わってきた」(『ねむれ巴里』)

金子は、喜びの情動が湧いてきたことで、死を思いとどまることができたのでした。

どんな時も深刻にならず、喜びを感じて生きていきましょう。

「好きなこと」が生きる力に

与えられた現実を超える

古代ギリシアの哲学者タレスが、ある時、星を観察するために老婆を伴い家の外に出ました。ところが、溝に落ちてしまいました。大声で泣くタレスに老婆はこういいました。

「タレスよ、あなたは足元にあるものを見ることができないのに、天上にあるものを知ることができるとお考えなのですか」

たしかに真上ばかり見ていれば溝に落ちるかもしれませんが、足元ばかり見ていても人とぶつかって転倒してしまいます。そうならないためには、目をしっかり上げ、今自分がどこにいるか、これからどこに向かって歩んでいるかを知っていなければなりません。

作家の辻邦生が、何かと「in love with」な状態、「恋仲のような状態」にあれば、与えられた現実を超えることができ、その時、生命感が高まり、喜びの感情、勇気の充実した感じを持つことができるといっています（『言葉の箱』）。

与えられた現実がすべてだと思えば、何か苦しい経験をした時に絶望することになります。足元ばかり見ていれば、与えられた現実を超えることは難しいでしょう。**時が経つのも忘れて本を読み耽ったり、山や雲、朝日や夕日を飽かず眺めたりするような時、現実を超えることができる**のです。

私は、この頃は自宅で原稿を書いて過ごすことが多くなりましたが、考え事をしていると一日が瞬く間に過ぎてしまいます。このような日々を過ごしていると、疲れるどころか、辻がいうように生命感が高まり、喜びを感じることができます。

「自分の好きな世界」が、日常の退屈であったり、不幸なものに満ちていたり、モノトーンだったり、無感動だったりという現実を超えることを可能にします。そういう自分の好きな世界こそが現実で、他の現実は「仮の現実」であると思えるようになるからだと辻は説明しています。

まず、何か好きでたまらないものを見つけましょう。高校生の時に倫理社会を教わった先生は「退職したら若い時に買いためた本を読んで過ごす」というのが口癖でした。身体の自由がきかなくなっても、本を読めさえすれば、老年は怖いものではない――これが先生の持論でした。本を読むことで、老いという現実を超えることができるというわけです。

希望の言葉が心を支える

言葉の力が現実を超えさせることがあります。私が心筋梗塞で倒れ入院した時は、絶対安静を命じられ、本を読むことはもとより音楽を聴くことも許されませんでした。何もしないでじっとしていたら、時間は歩みを止めたようでした。

この状況で、私は短歌を作ってみることを思いつきました。短歌を頭の中で組み立ていると、四散してしまいそうな魂を身体につなぎとめられると思いました。病気のことを詠んだ歌はただ事実を記録したものではなく、自分を客観的に見つめ直すものだったので、歌を詠むことで自分が置かれていた現実を超えることができたのだと思います。

第二次世界大戦中、ドイツのダッハウにユダヤ人の強制収容所がありました。アドラーの弟子であるファラウがこの収容所に送られた時、かつてアドラーから聞かされた次のようなエピソードを収容所にいた人たちに話しました。

ミルクが入った壺《つぼ》のふちのところで、二匹の蛙《かえる》が飛び跳ねて遊んでいました。遊びに夢中になるうち、両方の蛙ともミルク壺の中に落ちてしまいました。

一匹の蛙は、最初しばらく足をばたばた動かしていましたが、「もうだめだ」と諦めてしまいました。ガーガーと鳴いて何もせずじっとしているうちに、溺《おぼ》れて死んでしまいました。

もう一匹の蛙も同じようにミルク壺の中に落ちましたが、「どうなるかはわからないけれど何とかしよう、今できることは足を動かすことだ」と思って足を蹴って懸命に泳ぎました。すると、思いがけず足の下が固まりました。ミルクがバターになったのです。それで、その上に乗って外に飛び出すことができ、生還することができました。

一匹の蛙はすぐに諦めてしまいましたが、もう一匹の蛙はミルク壺に転落したという状況の中で懸命に足を動かしました。そうしても溺れたのかもしれませんが、初めから諦めてしまっていたら助からなかったでしょう。

このエピソードは、多くの人々を無気力から奮い起こすことができました。この話を聞いた人は、後者の蛙に自分を重ね合わせたでしょう。そうすることで、現実を超えることができたのです。

アウシュビッツで救い出され生き残れた人たちを内側から支え救ったのは、「希望」という言葉を捨てなかったことだと辻はいっています。本を読んだり、誰かと話したりすることで希望の言葉に出会えたらいいですね。

夢や理想を追い求める生き方を

理想を追うことと現実的であること

伊藤整《いとうせい》という詩人がこんなことを書いています。

「私が自分をもう子供でないと感じ出したのは、小樽市の、港を見下ろす山の中腹にある高等商業学校に入ってからであった」（『若い詩人の肖像』）

大学生になって初めてこの本を読んだ時、私が生まれ育ったのは海のないところなので、「港を見下ろす高校」という言葉に強い憧れを感じたことを今もよく覚えています。自分がもはや子どもではないと思うことは、心がわくわくすることであると同時に、まだ知らないことがたくさんあるに違いない世界へ乗り出すことへの不安でもあります。

しかし、胸に希望はあふれ、夢と理想を掲げ真摯に生きていこうと決心した若者の前には、現実の厳しさと、人生を諦めた冷ややかな大人たちが立ちふさがります。**「人生なんかこんなものだ、と諦めている大人のいうことに耳を傾けてはいけない」**と私は若い人たちによく話してきました。しかし、はたして私自身は現実の厳しさに直面することで、夢や理想を取り下げてしまったのではないか――。人生を振り返って、自分に厳しく問わなければならないと考えています。

もしも夢や理想を追い求めることをしないで、ただ現実の中に埋没してしまうような生き方を今しているとすれば、二つのわけがあります。

一つは、自分はもはや子どもではなく大人になったはずなのに、大人になることがどういうことであるかを知らなかったからです。もう一つは、「現実的であれ」という、自分の前に立ちふさがった自称大人たちも、実は本当の意味では大人などではなかったからです。

一体、大人になるとはどういうことなのか。伊藤整は、高校に入学したから自分がもはや子どもでない、と思ったわけではありません。伊藤は「自分をもう子供でないと感じ出した」といっているのです。例えば、入学という一度きりの何か大きな人生の節目を迎えた時、それを境に忽然と大人になれるわけではありません。

子どもは歳を重ねれば大人になることができると考えますが、大人になってもまだ子どものままの人もいます。実際、自分でも「まだ大人ではない」と思っている人がいます。**大人になるということと年齢は関係ない**のです。歳を重ねても大人になれない大人はいますし、反対に、年齢的にはまだ子どもであっても、大人である子どももいるということです。

大人であることの条件

大人であることの条件には、次の二つがあると私は考えています。

一つは、「自分が決めなければならないことを自分で決められる」ということです。

小学生の時、ある日友人から電話がかかってきました。これから遊びにこないか、という誘いの電話でした。校区のはずれに住んでいた私は、一度家に帰れば翌日の朝まで外に出ないという生活をしていましたが、その友人からの電話には心が動かされ、近くにいた母に「これから遊びに行ってもいい？」とたずねました。すると、母は言下に答えました。

「そんなことは自分で決めていい」

その母の言葉を聞いて私は恥ずかしくなりました。自分で何をするかを決められないようでは、自分はまだ子どもだと思ったからです。

私が、小学生だったにもかかわらず、「自分はまだ子どもだ」と恥ずかしく思ったことにはわけがありました。ちょうど同じ頃、ある日、父に「お父ちゃん」と呼びかけました。小学生であれば普通の言い方だと思うのですが、「お父ちゃん」と呼びかけると、父はこういいました。

「そんな子どものような言い方をするな」

私は「まだ子どもなのに」と、大いに困惑しました。その後、長らく私は父にどんな言い方であれ、呼びかけることはありませんでした。私は「大人にならなければ」

と思ったのでした。

大人であるためのもう一つの条件は、「自分の価値を自分で決められる」ということです。子どもの頃からほめられて育った人は、大人になってからも自分の価値を自分では認めることができなくなります。

自分で自分の生き方の正しさを確信できず、誰かがそれでいいといえば喜び、批判されたら、たちまち自分の生き方を変えるようでは、大人ではないということです。**現実的であれといわれて、理想を取り下げるようではいけない**のです。そのように人からの評価や承認を拠り所にする人は他者に依存しているのであり、大人であるとはいえません。

さて、あなたは自分を大人だと思いますか？

「できない」という勇気

生きているだけでありがたい

待望の孫が生まれました。近年、父や義理の父母と、親しかった人を送ってばかりだったので、新しい生命の誕生に踊躍《ようやく》しました。

過日、あるテレビ番組に出演しました。たまたまその番組のキャスターにも、最近孫ができたばかりでした。親子関係の話になって、「親はとかく子どもにこうあってほしいという理想を押し付けるけれども、生まれた時は、生きているだけでありがたいので、理想を押し付けるようなことはしない」と私は話しました。

その際、「子どもは生きているだけでありがたいですね」といえばいいところを、最近生まれたばかりの孫のことが思い浮かんだので、「**子どもと孫は生きているだけでありがたい**」といったら、孫という言葉に反応したキャスターが思わず相好を崩しました。孫を持った喜びが通い合ったように感じた瞬間でした。

息子が小学生の頃、一人で父の家に泊まりに行ったことがありました。帰ってきた息子が「おじいちゃんにうどんを作ってもらった」と嬉しそうに話すのを聞き、子どもの頃、父からそんなことをしてもらったことがあっただろうかと私は思いました。しかし、覚えていないだけで、きっと父は幼かった私に、私の息子にしたのと同じようなことをしてくれたはずだということに思い至りました。子どもは親の孫への接し方を見れば、幼い頃の親との日々が蘇るかもしれません。

ある日、飽かず孫の顔を見ていたら、私の子どもたちが幼かった時のことを思い出しました。子どもたちにもこんなに小さかった時があったとは、にわかに信じることができませんでした。

私は子育てにわりあい関わってきた方ですが、仕事が忙しく、十分子育てに関われなかった人であれば、子どもが孫を育てるのを見て、若い頃できなかった子育てを追体験できます。孫を抱く祖父は父親になるのです。
冷静に孫の成長を見守ることができるのも、祖父、祖母の特権です。直接には、孫の教育に責任を負う必要はないからです。

一人では生きられない自分を考える

子どもは、生まれてからしばらくは自力では何もできないので、親の援助がなければ片時も生きていくことができません。一人では生きられない子どもは、自分が生きている世界の中心にいて、親の注目、関心、愛情を独占できます。実際、そのようであることが必要な時期もあります。

しかし、やがて少しずついろいろなことができるようになると、当然、親も生まれたばかりの頃のような不断の注目をしなくなりますし、その必要はなくなります。そうなると、子どもは世界の中心から離れていかなければなりませんが、いつまでもそこから離れていこうとしない子どももいます。

どちらの生き方を選ぶかは親の影響も大きく、子どもが自立しようとしているのに、それを阻む親もいます。このようなことは、かつて自分自身が親であった時には気づきませんでした。

このような**孫の姿は、きたるべき自分の姿**なのだと私は思いました。自分も孫のように、子どもの援助がなければ生きられなくなるかもしれないのです。しかも、孫とは違って、今日できたことが明日はできなくなるかもしれません。そうなった時に、自分が家族の中でどんな位置を占めていけばいいのかを、今は元気でも考えておかなければなりません。

いろいろなことができるようになった子どもは、やがて世界の中心から離れていきますが、それでは、私たちはいろいろなことができなくなったら、世界の中心にいてもいいのでしょうか。

そうであってはいけないと私は思います。**私たちがいろいろなことができなくなり、子どもが援助してくれても、それを当然だと思ってはいけない**と思うのです。親子であっても、子どもが親の世話をすることは義務ではなく好意だからです。生まれて間もない頃の子どものようになるとしてもです。

歳を重ね、できることが少しずつ減っていっても、まだできることであれば極力自力でしなければなりません。その上で、できなくなったことはできないといえなければなりません。できないと口にするのは恥ずかしいことだと思っている人は、なかなかできないとはいえませんが、いわなければかえって家族に迷惑をかけることになるからです。

希望は、私の娘が子どもの世話をしている時、それを厭わないで、それどころか嬉々としてそうしていることです。娘も、決して義務として世話をしているわけではないのです。もしも子どもが自分の子どもを世話をすることで貢献感を持てているとすれば、親の世話をすることになった時にもそうであるでしょう。今はそうであってほしいとしかいえないのですが。

【第5章】

生きているだけで価値がある

今のありのままの自分を受け入れる

特別であろうとする心

まだ小学校に上がる前のこと。私の祖父はしばしば私に、「お前は頭のいい子だから大きくなったら京大へ行け」といっていました。もとより、その頃の私に京大というのが何かがわかっていたはずもありませんから、その京大に入るために特別なことをしたわけではありません。それなのに、その頃から自分が他の人とは違う特別な存在だと思っていた節がありました。

小学生になってしばらくした時、担任の先生が小学校のすぐ前に住んでいる同級生を名指しして、「あなたは家が近いから勉強する時間があるはずなのに勉強ができない。その点、岸見君は学校から歩いて三十分もかかるところに住んでいるのに勉強ができる」といったことがあります。そんな言葉を聞いて私はいい気になっていました。

ところが、初めてもらった通知表を見ると、算数の成績が「三」でした。「これでは京大に行けない」と私はいきなり出鼻をくじかれる思いをしましたが、それでもなお自分が特別であるという思いに変わりはありませんでした。

小学校では、学期ごとに学級委員長が選ばれました。しかし、勉強が多少できても、スポーツもできない、明るくもない私が学級委員長に選ばれることはありませんでした。

そこで、私は勉強では誰にも負けるまいといよいよ勉強しましたが、**人に認められたいというのは、勉強をする動機としては不純である**ことは明らかです。

やがて大学生になった私は、研究職に就きたいと思うようになりました。専門が哲学なので、お金とは無縁の人生になると覚悟はしていたものの、いつかは大学教授になりたいという名誉心はありました。

ところが、ある日、母が突然病気に倒れ、後に亡くなるという思いもかけない出来事に遭遇しました。私は病床の母を見て、人間、この期に及んでなお幸福であるためには、お金はもちろん、名誉があっても意味がないと思いました。

若くして母を亡くした私はその後、心筋梗塞で倒れ、生死の境をさまよう経験をしました。幸い九死に一生を得ましたが、とにかく生きるだけで精一杯でしたから、**特別であろうとすることにはまったく意味がない**ことに、いよいよ思い至らないわけにはいきませんでした。

このように病気になれば、あるいは、病気にならなくても年を重ねれば、特別どころか、それまで何の苦もなくできたことすらできなくなります。何かができることで自分は特別であり、そんな自分に価値があると思ってきた人は、病気や老いに直面するとたちまち絶望することになってしまいます。元気な、あるいは若かった時には何らかの仕方で特別でありえたかもしれませんが、病気になったり老いたりすると、ただの人になってしまうからです。

私たちが病気や老いによって自分の身にもたらされるこのような変化を受け止めることができるためには、たとえ体力や知力が以前ほどではなくなり、できないことが増えたとしても、そのことで自分に価値がなくなるわけではないことを知っておかなければなりません。

生きているだけで価値がある

心筋梗塞で倒れた時、私は自分がただ人に迷惑をかけてばかりで、そんな自分にはもはや何の価値もないとまで思いました。

それでも、ある日気がついたのです。家族や友人が病気になったことを聞けば、取るものも取りあえず病院に駆けつけるだろう。そして、どんな状態であっても生きていることを知れば喜ぶだろう。この私でも生きていることを喜んでくれている人がいるはずであり、生きているだけで自分は他者に貢献しているのだ、と。

自分について「生きているだけで価値がある」と思えるには勇気がいります。しかし、**どんな自分であっても、今の自分を受け入れることができ、生きているだけで貢献できているとわかれば、生きる希望を失うことはありません。**

自分についてそのように思えれば、老いた親のことも、「生きているだけでありがたい」と思えるでしょう。介護では、理想の親を見ないで現実の親を受け入れ、そのままの親と関わることが先決です。

私が入院したての頃は、「今日眠ってしまったら、もう二度と目が覚めないのではないか」と恐れたものですが、生きていることがありがたいと思えるようになってからは、そのような恐怖は消えました。

生きていることを出発点と考えれば、今日少しでもできたことがあれば嬉しく思えました。もちろん、後退する日もありましたが、それはそれとして深刻に受け止めずに、やがて毎日を心穏やかに生きることができるようになりました。

人生を先延ばししない

今したいことをして生きられる喜び

ある時、七十歳の女性のカウンセリングをしていたことがありました。その方は、カウンセリングを終えると、こういわれるのです。「話を聞いていても、すぐに忘れてしまうので、要点をノートに書いてもらえませんか」と。そういって差し出されるノートに、さて何と書いたものかと毎回悩みながら、その日の話を短くまとめて書きました。

私が一番よく書いた言葉は「人生を先延ばししない」でした。人生の大先輩に若輩の私がそのような言葉を書いていいのかためらいましたが、たしかにそのことが一番伝えたかったことでした。

若い時であれば、人生が今すぐに終わるはずはないと思っていますから、明日できることは今日しないと嘯《うそぶ》いたりします。しかし、歳を重ねていくと、人生の終わりが間近に見えてくる気がするので、美しい桜、見事な紅葉を見ても、一体これから何度この光景を見られるのだろうかと考えてしまいます。

高校生の時に倫理社会を教わった先生は「退職したら若い時に買いためた本を読んで過ごす」というのが口癖でした。「若い頃、金儲けのことしか考えて生きてこなかった人は、他のことは何も知らない。本を読むことも知らない」。こう語る先生は、当時、七十歳を超えていました。仕事を辞めて身体の自由が利かなくなっても、本を読めさえすれば老年は怖いものではない。これが持論でした。

後に、私自身、病気で倒れ、長く入院生活を送ることを余儀なくされた時に、本を読むことがたしかに身体の自由が利かないという現実を超える力になることを知りました。

先生の誤算は、退職する前に亡くなったことでした。悠々自適で本を読む日々はついに先生に訪れることはなかったわけです。このことを知った時、したいことは「今」しないといけないという思いを強くしました。

しかし、先生の生き方から学んだこともありました。先生は、研究発表をするために夏の暑い日、毎晩遅くまで準備に取り組み、発表の最中に心筋梗塞で倒れ、そのまま亡くなったのでした。先生は退職の日まで何もしていなかったわけではありませんでした。最後の日まで哲学の研究に打ち込めたことは、先生にとって幸福なことだったといえます。本を読むという先生の晩年の夢こそ叶いませんでしたが、**明日のことを考えず、その日したいこと、できることをして生きられることに勝る幸福はありません。**

「できない」という思い込みを捨てる

ところが、何かの理由をあげて、今しかできないことをしないで、先延ばしすることがあります。アドラーは、「誰でも何でも成し遂げることができる」と主張しました。

アドラーは、才能や遺伝の影響を無視していると批判されましたが、**努力すればできるはずのことまで自分に限界があると思って回避しようとすることが問題**なのです。

『嫌われる勇気』の韓国版が好評で、講演をするために、私は韓国を度々訪問しました。そこで、若い友人に師事して韓国語の勉強を始めました。

若い頃、プラトンの読書会に参加していたことがありました。その時、メンバーの一人が、ギリシア語を四十歳になって初めて勉強した、という話を聞いて驚きました。若い頃ならともかく、その年ではさぞかし習得は大変だったであろうと思いました。しかし、今は、間違いだったことがわかります。

私は今年六十三歳になりますが、若い人に、「韓国語の勉強は大変でしょう」というようなことをいわれたら、「そんなことはない」と言下に否定するでしょう。

新しい言語を習得することは難しいと思う人がいるとすれば、その人は最初から無理だと決めてかかっていて、若い頃のような記憶力がないことを加齢のせいにしたいからです。しかし、そのようにいう人は、はたして、学生の頃と同じだけの努力をしているでしょうか。

アドラーは六十歳になって活動の拠点をウィーンからニューヨークに移しました。それまでドイツ語では雄弁をふるっていたのに、英語で講演をしなければならないことになりました。習得には苦労したようで、「ここで諦めたら神経症の患者と同じだ」と自分にいい聞かせて勉強に励みました。神経症者は、神経症を口実にして、自分が取り組むべき課題をできないといいます。アドラーは、英語の勉強を投げ出そうとする自分をそのような神経症者になぞらえたわけです。

ここでは外国語の勉強を例にあげましたが、**いくつになっても新しいことに挑戦することはできます。**中には達成できないこともありますが、最初からできないと思い込まなければ、若い頃とは違って多くのことに、楽しみと共に取り組めるでしょう。

身体が語りかける言葉に耳を傾ける

時折見る愛犬の夢

昔飼っていた犬の夢を見ることがあります。

結婚して間もなく、シェパードを飼い始めました。私たちのところにやってきた時には、アニーと命名されていました。その頃は子どもが生まれる前だったので、見目麗しい、かつ、精悍《せいかん》なアニーを子どものように思い、接していました。

大型犬なので毎日散歩をするのは大変でしたが、雨の日も風の日も必ず毎日散歩に出かけていました。私は原稿を書くことを専らにし、朝から晩まで机にかじりついて仕事をしていますから、強いられてであれ毎日散歩をすることで、その頃の私は何とか健康を保てていたのだと思います。

アニーは、大型犬としては長生きをしましたが、十二歳で死ぬと、私は散歩をしなくなり、身体を動かすこともしなくなりました。やがて常勤の仕事にも就きました。その頃の激務が、後に五十歳になった時に発症した心筋梗塞の遠因になったことは間違いありません。

心筋梗塞で倒れたのは十三年前のことです。幸い、一命を取り留めることはできましたが、ひと月ほどの入院中、時折、アニーの夢を見ました。ただいるだけで何かをするわけではないのですが、懐かしく、安心感を抱きました。きっと私を助けにきてくれたのだと思いました。

この頃、また時々アニーの夢を見ます。夢の中で、私は前に住んでいた家に行きます。そこにアニーを置き去りにしていたことに気づきます。長く食事を与えていなかったので、ひどくやせ細っていますが、私の姿を見ると、尻尾《しっぽ》を振って嬉しそうに寄ってきます。私は長くかまわないでいたことを謝る……。そんな夢です。

病気から回復することの意味

一体、この夢にはどんな意味があるのだろうと考えていたところ、私は以前読んだ免疫学者の多田富雄《ただとみお》の言葉を思い出しました。

多田は、脳梗塞によって声を失い、右半身が不随になりました。手足の麻痺《まひ》は脳神経細胞の死によるものなので、元には戻りません。ですから、多田の説明によれば、もしも、リハビリによって機能が回復したら、神経が元通りに回復したのではなく、新たに神経が創り出されたのです。

そのことを多田は、もう一人の自分、新しい自分が生まれてきたのだといっています。

「今は弱々しく鈍重だが、彼は無限の可能性を秘めて私の中に胎動しているように感じた。私には、彼が縛られたまま沈黙している巨人のように思われた」(『寡黙なる巨人』)

病気になった時、可能な限り元の健康な状態に戻りたいと願うのは当然のことです。

しかし、元には戻れないことがあるというのも本当です。

私の主治医は「不可逆的」という言葉を使って、一旦、心臓に酸素と栄養を運ぶ冠動脈が閉塞することで血流が途絶えて壊死した心筋は、決して元には戻らないと私にいいました。

脳梗塞の場合は、身体や言語機能が不自由になり、リハビリをしても、目に見えた形で機能が回復することが困難な場合があります。しかし、そのような場合でも、「新しい人の再生」は可能なのです。

病気の回復は、このように、病気になる前の元の健康な身体に戻ることを意味しないことがあります。

私が病気になったことは、それ自体としては、決してよいことではなく、失ったものは多かったのですが、それでも病気になって「新しい人」が自分の中で目覚めたことを強く感じました。それが、入院している時に見た夢の中に何度か現れた私の犬だったのです。**身体は完全に元には戻らなくても、病気を機に、新しく生まれ変わった**気がします。

アニーの夢を最近、また見るようになったのはなぜか。

幸い、この数年は体調はよく、仕事も順調で満ち足りた毎日を送っています。そのような日々に、死の恐れを感じることはありません。先のことなど考えることなく、毎日丁寧に生きることができているからです。

それにもかかわらず、最近見る夢は、私に身体の声に耳を傾けなければならないことを教えてくれているのです。それは必ずしも私が身体のケアを怠っているという警告の意味があるというわけではありません。

しかし、**たとえ目下絶好調で、病気になる心配などまったくないほど健康であっても、いつでも病気になりうることを忘れてはいけません。**身体が語りかける言葉に耳を傾ける用意をしていれば、たとえ病気になったとしても、病気を自分のものとして引き受けることができますし、治癒、あるいは寛解した時に、「運がよかった」とか「助かった」といって済まさないで、自分に起こったことを振り返ることができるでしょう。

不完全である勇気

新しいことへの挑戦を妨げるもの

韓国語の勉強をしています。「いくつになっても新しいことに挑戦できる」という話を講演会で話したところ、講演の後で、七十代の方が話しかけてこられました。

その方は若い時から欧米の言語を学んできましたが、六十四歳になって中国語を学び始め、通訳の資格を得たということでした。

「若くなくても、外国語を学ぶには何の問題もないですよ」

と、その方は破顔一笑して立ち去っていきました。

思い立って勉強を始めることはできますが、勉強を始めるとたちまち行き詰まりま

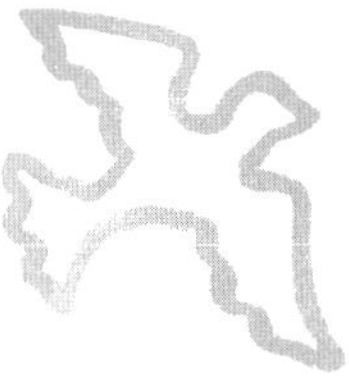

す。その時、記憶力の減退を理由にあげたい人は多いでしょうが、もしも学生の頃と同じだけの努力をしさえすれば、克服できない困難ではありません。

アドラーは、「誰でも何でも成し遂げることができる」といっています。このアドラーの言葉を聞いた多くの人が、「才能には先天的な違いがあるので、何でも成し遂げるなどありえない」と反発したと伝記は伝えています。

アドラーは、努力しないで、最初からできないと決めてかかることが問題だと考えたのでした。たしかに、歳を重ねれば、若い時よりもできない理由を見つけることは容易になってきます。しかし、問題はできない理由としてあげられる記憶力の減退などよりももっと根深いところにあるのです。

私は長年、ギリシア語を大学で教えていました。学生の数は少なく、多い年でも五人くらいでした。出席する学生は紀元前五世紀の言語を学ぼうとするだけあって、どの学生も優秀なのですが、ある年、ギリシア語を日本語に訳すようにといっても答えない学生がいました。私は学生にたずねました。

「なぜ答えなかったか自分でわかりますか?」

すると、その学生は答えました。

「もしも答えて間違ったら、私ができない学生だと先生に思われたくはなかったのです。たまたまこの問題ができないだけで、本当はできると思ってほしかったのです」

私は学生に、答えが間違っていたら当然指摘するけれども、だからといって、そのことでできない学生だと見ることは決してないと説明しました。

学生は次の時間から間違いを恐れず、積極的に答えるようになり、めきめきと力をつけました。

不完全な自分を受け入れる

目下、私は先生について韓国語を勉強していますが、ふとこの時の学生とのやりとりを思い出しました。というのも、かなりの時間を費やして勉強をしていますから、たしかに上達していることは自分でも実感できるのですが、先生の前で韓国語を音読しようとすると、文字の表記と発音が乖離《かいり》することもあって、少しも読めないことがあるのです。

発音だけではなく、日本語に訳した時、誤読していたことに気づくことも度々あります。読めないのであれば、読めるようにしっかりと予習をすればいいわけです。それなのに、韓国語を読めない自分を先生に見せることが怖いと思っている私は、かつて私が教えていた学生と同じなのです。

歳を重ねてから新しいことに挑戦する時に困難を感じるとすれば、語学の習得であれば記憶力が、スポーツであれば体力が減退したからではありません。これまでの人生で長く何かをやり続けてきた人は、ある領域では自分が優れていると思っていたでしょうが、新しいことをすれば、たちまち何もできない自分と向き合わないわけにはいかないからです。

アドラーは、「**不完全である勇気**」という言葉を使っています。ここでいう「不完全」は、人格についてではありません。新たに手がけたことについての知識や技術についての「不完全」です。

その不完全は、最初からできないと決めてかかって挑戦しない人には思いもよらないことでしょうが、かなりの程度、完全に近づけることができます。

何かを習得することに限らず、**自分が不完全であることを受け入れることができる人は、自分の価値を理想からの減点法ではなく、現実からの加算法で見ることができます。**加齢と共にあれもこれもできなくなったとしても、そのことを嘆くこともなく、自分の価値を何かができることに見出すこともなくなります。

その上で、もはや他の人と競争する必要もないのですから、新しい単語を一つでも覚えられたり、少しでも楽に身体を動かせたり、泳げたりするようになれば、そのことが喜びとなり、人生は豊かなものになります。

何か新しいことに挑戦してみませんか。

老いや死にとらわれず、「今」に目を向ける

死への過剰な怖れが人生を困難に

父の介護をしていた時のこと、ある日、八十歳を超えた父がいいました。

「どう考えても、これから先の人生の方が短い」

これがどんな話の中での言葉だったのか、今となっては思い出せないのですが、父は、先のことを考えて時に強い焦燥感にとらわれる私とは違って、悠々としているように見えました。

この父の言葉を聞いた時、父との別れの日がくることにも思い至らないわけにはいきませんでした。

十三年前のある朝、私は息ができなくなって救急車で病院に運ばれました。すぐに心筋梗塞と診断されました。私はこんなに早く死ぬことになるとは何と寂しいことかと思いましたが、その実、自分が本当に死ぬとは思っていませんでした。人はたとえ瀕死《ひんし》の重傷を負っていても、必ず最後の最後まで自分は助かるという希望を持っています。

たしかに人は必ずいつか死ぬので、死という現実から目を背けてはいけないというのも本当です。しかし、**どのような状況にあっても生きられるという希望があるからこそ、死という現実を前にしても人は生きられる**のだと私は考えています。

むしろ、死をあまりにも意識することが、死について過剰な恐れを抱かせ、人生で取り組まなければならない課題に向かうのを困難にさせることがあります。

死がどういうものかは誰にもわかりません。それはよきものであるかもしれないのです。それなのに、知らないことについて恐れを持つことが、生きる意欲を失わせ、人生の課題から逃げる口実にすらなります。

永遠があると考え、悠々と生きる

私は入院中、主治医から「本は書きなさい。本は残るから」といわれたことを今もありがたかったと思っています。本は後世に残っても、私はなくなるという意味なので、患者にいう言葉としてはいささか常軌を逸しているようにも聞こえました。しかし、この言葉のおかげで、私は治療中であっても、またたとえ完治しなくても、今自分が何をするべきかということについて覚悟を決めることができました。

癌《がん》を宣告された登山家の田部井淳子《たべいじゅんこ》が、抗癌剤投与の二日後に、福島の明神ヶ岳に登ったという話を聞いて驚いたことがあります。主治医から治療中も普通の生活をするようにといわれたことを受け、田部井は「自分にとって普通の生活とは山に登ることだ」と考えたのでした。

哲学者の森有正は、リルケを引いてこんなことをいっています。

「あわててはいけない。リールケの言ったように先に無限の時間があると考えて、落ち着いていなければいけない。それだけがよい質の仕事を生み出すからである」（『日記』）

ここでは、森は仕事についていっていますが、同じことは人生についてもいえます。**人生をよきものにするためには、決してあわてることなく、先に無限の時間があると考えて悠々と生きなければなりません。**

フランスの哲学者であるジャン・ギトンは、「人間はいつまでも若いままなのか」と問われ、「自分の前に永遠があると考える限り」と答えています。

「では、自分が老いていると感じている人々は？」

「たぶん、彼らは永遠を信じていないのでしょう」（『私の哲学的遺言』）

「永遠があると考える」というのは、リルケの言葉でいえば、「無限の時間がある」と考えることです。そのように考えて生きる人はいつまでも若いままでいることができます。

もちろん、歳を重ねることや、若い人でも病気になることは不可避ですから、身体の衰えや不自由を意識しないわけにはいきません。しかし、**年齢を重ねることばかり**

に意識を向けず、余命にとらわれずに、今しなければならないことを考えて生きることが人生のあり方を大きく変えます。

このしなければならないことは、現実にできることを超えていて、達成が容易でないこともあります。闘病中の人は少しでもよくなりたいと思い、痛みを伴う、また生命の危険を伴う手術を受ける決心をして、現状の困難を超える努力をします。

その努力は、ただ自分のためではなく、他者のことが必ず視野にあって、他者に貢献するためなのです。そのような人にとっては、人生がいつ終わるかは大きな問題ではなくなります。人生に限りがあると考えていれば、何もできなくなります。

人生においては先のことを考えて待たなければならないことは多々ありますが、死だけは待たなくていいのです。それがいつ、どのようにくるかは誰にもわからないのですから。

今の自分に価値があると自覚して生きる

本当の教育の役割とは

インドの思想家であるクリシュナムルティが、子どもたちにこんなことを語りかけています。

「君たちは、親や先生たちが、人生で何かに到達しなければならないよ、おじさんやおじいさんのように成功しなければならないよ、と言うのに気づいたことがないですか。教育の機能は、君たちが子供のときから誰の模倣もせずに、いつのときにも君自身でいるように助けることなのです」(『子供たちとの対話』)

子どもの頃、私は祖父から「大きくなったら、京大に行け」と折に触れいわれていました。それがどういう意味なのか、その頃の私に理解できたとは思わないのですが、クリシュナムルティの言葉を使えば、私が到達しなければならなかったのは祖父のいう「京大」であり、そこに入ることが成功だと思い込まされていたのでしょう。

母の弟に当たる叔父は算盤《そろばん》が得意でした。暗算で十桁の加減乗除ができ、経理の仕事はすべて暗算でするので、傍《はた》からは何も仕事をしていないように見えたという話を聞いたことがあります。時々言葉を交わすことがあった叔父は頭がよく、私も叔父のようになれたらと思いました。

ところが、小学生になった私の成績は振るわず、五段階の三という成績が記された通知表を見て、祖父の期待には応えられないと思いました。

その後、叔父は若くして亡くなりました。時代はもはや算盤の力を求めなくなり、叔父のことは私の中から消えていきました。

今の社会は、子育てや教育を通じて、子どもをこの社会に必要な人に育てようとし、そのためには自分ではない誰かに「なる」ことを要求します。その誰かは成功者でなければなりません。このような社会にあっては、子どもの頃からそのままの自分を受け入れてはいけないと教えられます。誰かモデルとなる人に少しでも近づき、そのままの自分でない自分になることが期待され、実際、そうなれば賞賛されるのです。

自分ではない誰かになることを求める社会

問題は、この教育の目的が無批判に受け入れられていることです。つまり、教育は社会に必要な人を育てるためのものであり、教えられることもそのために役に立つものでなければならないと考えられているということです。

ところが、クリシュナムルティは、**誰の模倣もせず、いつの時にも自分自身でいるように助けることが教育の機能**だといっています。私たちは子どもの頃から自分自身のままであってはいけないといわれ続けてきたので、何かができること、生産的であることにこそ価値があると思い込みます。そのため、生産的ではなくなると、他者と競争して生きてきた人はどうしていいかわからないのです。

歳を重ね、できないことが増えてくると、自分のあり方について根本的に考え直さなければならなくなります。仕事をしてきた人であれば、これからの人生ではもはや生産性に価値を置けなくなることを知らなければなりません。

生産性に価値を置くことの限界

仕事を辞めたら今やどこにも所属する場所がないという事実を受け入れることも、容易なことではありません。もちろん、職場を離れても家庭があるはずですが、職を辞した人が家庭に自分の居場所があると感じられるかは難しいところです。

そのことは夫婦関係のあり方には関係がありません。仕事を辞めても依然として生産性に価値を見ている限り、職場に行けなくなれば家庭に居場所は感じられず、失意の日々を送ることになるのです。

そのような老年期の危機を乗り切るためには、仕事を続けられなくなったことや、失われた若さを嘆くのではなく、「今の自分に価値がある」と思えることが必要です。

今の自分に価値があると思えるためには、自分ではない誰かに「なる」ことを考えてはいけません。誰かに「なる」とは、まさに私たちが子どもの頃大人から期待されたことです。その期待に応えようとしてきた人も、今こそ**あるがままの自分で「ある」ことで既に価値があり、他者に貢献している**と知らなければなりません。

そのように自覚して生きることで、若い人にも、自分ではない他の誰かにならなくても、そのままで価値があるということを教えていきたいと思います。

一瞬一瞬を真剣に生きる

先にも書いた通り、生きることとは、始点と終点がある「キーネーシス」としての動きではなく、ダンスを踊るような「エネルゲイア」としての動きといえます。どこか目的地に到達することを待たなくとも、刻々の「今」を「生きてしまっている」からです。

ただし、エネルゲイア的に生きるには条件があります。それは「貢献感」を持てることです。そうでないと、「今さえよければいい」という単なる刹那主義になってしまうでしょう。

アドラーは、人生の指針を「導きの星」と表現しています。旅人が北極星を頼りに進むべき道を見つけるように、私たちの人生にもまた、導きの星が必要なのです。その導きの星が「他者貢献」です。

貢献とは、何か特別なことをするという意味ではありません。自分が生きていることが、既に他者に貢献している。それを出発点として、自分にできることをしていけばいいのです。他者に貢献するという導きの星を見据えている限り、人生に迷うことはありません。

私たちにとって大事なのは、「他者貢献」を理想、目標にしながら、「今、ここ」に目を向け、一瞬一瞬を真剣に、丁寧に生きていくことです。

そしていつか人生を振り返った時、「気がついたらずいぶん遠くまで来たな」と思える——。そんな生き方をすることが大切だと思うのです。

【第6章】

死を受け止める勇気を持つ

「死」とどう向き合えばいいのか

死後もなお貢献できる

私は「生産性に人間の価値を求めてはいけない」と講演でよく話します。何ができるかということに人間の価値を求めれば、歳を重ねたり病気になったりして、できることが少なくなれば価値がなくなることになりますが、そうではないからです。**価値は生産性ではなく存在に、つまり生きていることそれ自体にあります。**熱に浮かされている子どもを見れば、日頃は元気すぎることに辟易《へきえき》している親でも、生きていることがありがたいと思うでしょう。

私は心筋梗塞で倒れた時、一日も早く退院し仕事をしたいと思いましたが、やがて観念し先のことを考えず療養する覚悟ができた時、生きているだけでありがたいと思えるようになりました。

人はどんな時に自分に価値があると思えるかといえば、貢献感がある時です。この貢献感は何かをすることではなく、生きているだけで持つことができます。自分についてそのように思えるためには勇気がいりますが、家族や親しい人が病気になった時には、その人が生きていることが喜びに感じられます。そうであれば、自分が生きていることを他者は喜び、そのことだけで貢献していると考えることができます。

ある時、宮城の石巻赤十字病院で講演をしました。話しているうちに、私はその日集まってくださった方の家族や親戚に、東日本大震災で亡くなられた方がおられるに違いないことに思い当たりました。私は生きていることがありがたい、生きているだけで人は貢献できると話したのです。しかし、それでは、亡くなった人は貢献できないことになります。

たしかに亡くなった人とは二度とこの世で会うことはできません。見たり、触れたり、声を聞くことはできません。しかし、今も生前交わしたやりとりを思い出し、折に触れて語られた言葉を思い出す時、亡くなった人は、生前と変わることなく私たちの近くにいると感じられます。**生前聞いた言葉を思い出し、故人がたどった人生の足跡を反芻《はんすう》する時、その人は生きている人と変わらず、生者に貢献している**のです。

講演後、ある男性が質問されました。

「私は震災で母を亡くし、故郷も失《な》くしました。これから一体、どのように考えて生きていけばいいのでしょうか」

私は「あの世とは、いいところらしい。逝ったきり、誰も帰って来ない」という小説の中の言葉を紹介しました（髙山文彦《たかやまふみひこ》『父を葬《おく》る』）。それを聞いた男性は答えました。

「きっと母もいいところへ行ったのでしょうね。それなら私も早く母の元へ行きます」

私はそれに対して、

「いいえ、それはまだ早すぎます。あなたには仕事が残っていますから、それからでいいのです」

と答えなければなりませんでしたが、亡くなられた母親について、その男性が少しはこれまでとは違う見方ができたらと思いました。

執着する気持ちがあってもいい

人は二度、死を経験します。一つは身体の死であり、もう一つは人の記憶から消える時です。ですから、生き残った人は折に触れて故人を思い出したい。しかし、死の直後は亡くなった人のことが心から離れませんが、時が経過すると、悲しみに毎日泣き暮らしていた人でも、いつか思い出すことは少なくなります。

しかし、それは仕方ないことなのです。むしろ、そのことを亡くなった人は望んでいるかもしれません。もしも自分の死後、家族がどんなふうに生きているかを知ることができれば、死別の不幸にいつまでも打ちひしがれていることを喜ぶとは思わないのです。

重松清《しげまつきよし》の小説に、癌で死にゆく妻と、その夫や家族を描いた物語があります（『その日のまえに』）。彼女は自分が死んだら夫に渡してほしいと手紙を看護師に託し、死後、夫はその手紙を受け取ります。そこには、こう書いてありました。

「忘れてもいいよ」

できるものならば、静謐《せいひつ》に死にたいとは思います。しかし、立派に死ななければならないわけではありませんし、きっとできないでしょう。哲学者の三木清は、

「執着する何ものもないといった虚無の心では人間はなかなか死ねないのではないか。執着するものがあるから死に切れないということは、執着するものがあるから死ねるということである」

といっています（『人生論ノート』）。

親であれば子どもの成長を見届けないと死ぬに死ねないと思うでしょう。執着する気持ちがあってもいいのです。そのような**執着するものがある人は、死後自分が帰って行くべきところを持っている**と三木はいっています。

忘れてもいいといいながらこの世に執着することも、忘れないといいながらいつしか忘れてしまうことも、人間らしくていいではありませんか。

人生を最期からだけで見ない

私たちが後世に遺せるもの

キリスト教の思想家である内村鑑三《うちむらかんぞう》は、「われわれが死ぬまでにはこの世の中を少しなりとも善くして死にたいではありませんか」といっています（『後世への最大遺物』）。そして、「何かこの地球にMemento（思い出になるもの）を置いて逝きたい」と、その「遺物」としていくつかの候補をあげています。

何を遺《のこ》せるかといえば、まず「金」です。お金があれば世の中の多くの問題を解決することができるでしょうが、お金は誰でもためられるものではありません。

次に内村があげたのは「事業」です。道を造るとか、橋を架けるということですが、これも誰でもできるわけではありません。

さらに、内村は「思想」をあげます。私は哲学者なので、著述や教育を通じて自分の思想を後世に遺したいと思っていますが、これも誰もができるわけではありません。

内村があげた以上の遺物は「最大」遺物ではありません。最大遺物であるためには、誰もが遺すことができなければなりません。その意味での、後世への「最大遺物」は何か。内村は「勇ましい高尚なる生涯」だといっています。自分が生きていたということであれば、誰でも後世に遺すことができます。

私たちが亡くなった人を思い出す時、その人を最期からだけで見ないことが大切です。たしかに、立派な人であっても晩節を汚すということがあります。若く亡くなった人については、志を遂げず道半ばで倒れたというような言い方をすることがあります。

しかし、一度の失敗でその人が生きた人生に価値がなくなるわけではありません。若くして死んだ人も志を遂げなかったからといって、その人生に価値がなかったことにはならないでしょう。

人生をどう見るか

私の母は四十九歳で亡くなりました。当時学生だった私は母の病床で長く過ごしたので、母の人生を振り返る時には最期の日々を思い出します。しかし、私が病院で母と過ごした日々だけが母の生きた人生だったわけではありません。病気で倒れる前の人生の方が当然はるかに長いのであり、さらには、母は私が生まれる前にも生きていたのです。

いつか母のアルバムに女学校時代の写真を見つけました。友人たちと楽しそうに笑みを浮かべて写っている母の写真を見て、母にも幸福な時代があったことを知りました。

また、結婚する前の父と写っている写真があります。後に父を介護していた時に、この写真を見た看護師さんらは二人が若いことに驚き、特に顔立ちのよい父を見て、私と全然似ていないという感想を率直に語る人がいて困惑したものです。父も母もこの時、二人を後に待ち受けている運命を知らなかったに違いありません。母は病気で若く亡くなったからといって、また父は母の死後半世紀生き延びましたが、最期は過去をすべて失ったからといって、不幸だったとはいえないでしょう。

自ら命を絶って亡くなった方の家族から相談を受けることがあります。そのような人生の終え方は、家族にとってはつらいものです。家族はなぜ兆候に気づかなかったのかという思いにいつまでもとらわれますが、家族にとってはいつまでも忘れられないことであっても、人生における一つのエピソードでしかありません。

先のことは何も決まっていない

事が起こった時点では見えなかったことが、後になって振り返れば、見えてくることがあります。ちょうど小説を一読してから読み返すと、初めて読んだ時には見えてなかったことが見えてくるのと同じです。

古代ギリシアの悲劇詩人・ソポクレスの『オイディプス王』を読む時、オイディプ

スの人生を知っている読者は、オイディプス自身が知らない、父を殺し母を娶《めと》ること
になるのを知っているのですから、いわば神の視点でオイディプスの人生を見ること
になります。

しかし、ある人の人生を本当に知ろうと思うのであれば、その人が先のことを知ら
ずに生きていたという事実にこそ焦点を当て、人生を見なければなりません。結婚す
る前の父と母が過ごした日々には、母の死は存在しなかったのです。

自分の人生についても、先のことは何も決まっていないと考えて生きていいと思い
ます。後から振り返れば運命だったと思えるということはあるでしょうが、人生は何
も決まっているわけではありません。

すべてが決まっていると思っていたら希望を持てませんし、努力をしようとは思え
ないでしょう。努力をしても思うようにはならないことはたしかにありますが、自分
が自分の人生を創っていくのでなければ生きる意味もありません。**たとえ、今後何が**
起ころうと、そのことは「今、ここ」を幸福に生きることの妨げにはならないのです。

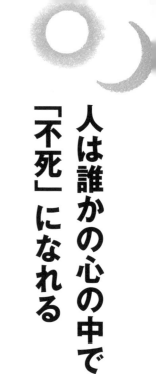

人は誰かの心の中で「不死」になれる

音楽にのめり込んだ理由

仕事が立て込んでくると、音楽を聴けなくなります。小さな音量で音楽を流しておいても、原稿を書くことの邪魔にはならないはずなのですが、一切、音楽を受け付けなくなるのです。

音楽なしの人生は考えられないくらい、若い頃から音楽に親しんできました。中学生になると吹奏楽部に入り、さらに後には大学のオーケストラでベートーヴェン、ブラームス、チャイコフスキーらの交響曲の演奏をしました。好きな音楽を受け付けなくなるのは、精神状態がよくないということでもあるので、音楽を聴かない日が続くと要注意であるともいえます。

音楽に触れるどころか、学業よりも熱心に音楽にのめり込んだのは、自分がそう決めたとばかり思っていましたが、そうではなかったことに、過日台湾の高雄で行われた学会で講演をした時に思い当たりました。

講演の中で、私は晩年認知症を患って亡くなった父のことを話しました。翌日、その話を聞いたアメリカ人の研究者と親しく話をしました。私の話が引き金となって、父親のことを強く思い出したというのです。

彼の父親は太平洋戦争中、日本人捕虜を収容した施設の看守を務めていました。彼は親の仕事のため十歳まで沖縄で育ちました。もう六十年以上も前のことなので、日本語はほとんど記憶には残っていないようでした。

「君にお願いがあるんだけど」

突然、神妙な顔つきになった彼は、僕に日本語で一から十まで数えてほしいというのです。

「一、二、三、……」

私がゆっくり数えていくと、彼の顔は十歳の少年になっていきました。

「こんなふうに親の話をしていると、父の存在を近くに感じられますね」

彼は私の話を決して否定することなく、二人は暫《しば》し在りし日の父の思い出に耽《ふけ》ることになりました。

亡き人を思い出すということ

作曲家の武満徹《たけみつとおる》が、友人の話をエッセイの中で書いています。その友人は、小学校時代に鉱石ラジオを作ることに夢中になり、最初に音が出た時、大いに感動しました。その時流れていた音楽は大変難しそうなものでしたが、それまで音楽というものを意識して聴いたことはなかったその人は、音楽をすばらしいと感じました。

その曲がベートーヴェンの第九交響曲であることがわかったのは、後になってからでした。数年後、カラヤンの指揮するベルリン・フィルによる第九交響曲の生演奏を聴きました。しかし、彼にとっては、鉱石ラジオの遠くから聞こえてくるような音楽の方がすばらしかったのでした。

私はこの話を読んで、小学生の時、鉱石ラジオを作ろうとしたことを思い出しました。ところが、親に材料費を出してほしいとは言い出せず、結局ラジオを作ることを断念したのでした。

私がなぜ鉱石ラジオを作ろうとしたかといえば、音楽を聴きたかったからです。なぜ音楽を聴きたいと思ったかといえば、父が蓄音機でクラシック音楽を聴いていたからなのです。

家には七八回転のSPレコードがたくさんありました。一曲の交響曲が何枚ものレコードに録音されていましたから、曲の途中で何度もレコードを換えなければなりませんでした。モノラル録音ですし、音質は決してよくありませんでしたが、蓄音機から流れてきた音楽を聴き、武満徹の友人と同じような感動を覚えたことをよく覚えています。

鉱石ラジオが作れず、音楽を聴けなかったので、自分で楽器を演奏する道を選んだのかもしれません。その時、音楽を聴けなかったとしても、鉱石ラジオの組み立てに成功していたら、後に哲学の道を志すこともなかったかもしれません。

ともあれ、父が亡くなって五年が経ちましたが、私が父の影響を受けていたことに強く思い当たります。

人は誰も生きている間に「自分の死」を体験することはできません。しかし、今も父のことを思い出すことがあるということは、**いつか私が死んだ時にも誰かが私のことを思い出すことがある**と考えていいでしょう。

人はそんな形で「不死」になれます。亡くなった人が私の心の中で生きているというのは、文字通りの意味で解することができます。

このように考えれば、自分のことが忘れられたら不死ではなくなることになりますから、願わくばいつまでも忘れないでほしいと思いたいですが、誰かの心の中で不死でいられるかは私には決めることはできません。

でも、私は母や父のことを忘れないでおこうと考えています。

他人がやり遂げたことは自分にも必ずできる

変化を好む人・恐れる人

もう長く生きてきたのだから、よほどのことがなければこの先人生が大きく変わることはないと考えている人もいるでしょう。今さら波乱に富んだ人生が待っているとは、あまり思いたくないかもしれません。

そのように思うのは変化を恐れるからです。おそらくはこれは今に始まったことではなく、子どもの頃から、現状が不自由で不便だと思っていても、新しいことを始める時の煩わしさを思うと、今のままでいいと思ってきたのでしょう。

反対に、変化を好む人がいます。そのような人は、これからの人生に何が起こっても、恐れるどころか心待ちにし、新しいことに挑戦することを喜びに感じられます。

これからの人生を生きる時に考えておきたいことは、**これから起こることが怖いわけではない**ということです。それどころか、心躍ることかもしれません。

新しいことを始めることについては前にも書きましたが、例えば、新しい外国語を学ぼうと思ってみても、習得のための苦労を思うとたちまち気力が萎《な》えてしまいます。もう若い頃のような記憶力はない。新しいことを始めない理由は、すぐにいくらでも見つかります。

実際、習得に苦労することがあったとしても、若い時とは違って今は誰かと競うために学ぶわけではありませんから、新しい単語をいくつか覚え、少しばかりの勇気を出して外国語で話しかけてみるだけでも、楽しくなります。

生前の日野原重明《ひのはらしげあき》さんが百歳になってSNSを始められたことを知って驚きましたが、考えてみれば、私もその年まで生き長らえることができたら、きっと日野原さんのように新しいことに挑戦するだろうと思います。

高校生の時に倫理社会を教わった先生は「退職したら若い時に買いためた本を読ん

で過ごす」というのが口癖でした。

「若い頃、金儲けのことしか考えて生きてこなかった人は、他のことは何も知らない。本を読むことも知らない」

仕事を辞め身体の自由が利かなくなっても、本を読めさえすれば老年は怖いものではない――これが持論でした。

もちろん、高校生だった私は就職もしていなかったので、歳を重ねた退職後のことなど少しも想像できませんでしたが、本を読む楽しみは伝わってきました。

後に、心筋梗塞で倒れ、長く入院生活を送ることを余儀なくされた時に、私は本を読むことがたしかに身体の自由が利かないという現実を超える力になることを知りました。最初は絶対安静を強いられ、本を読むことすらできませんでしたが、いよいよ本を読むことを許されてからは、貪《むさぼ》るように読みました。

今は仕事のために時には読みたくない本を読まなければならないことがありますが、本当に読みたい本だけを読んで日々を過ごせたら幸せだろうと思います。

未知のものへの恐れ

私たちを待ち受けていることの中で、もっとも怖いのは死でしょう。死んだ人の誰もあの世から生還してこないので、それがどういうものかはわかりません。知らないことについては恐れを持つものです。

しかし、死を恐れることは、死について実際には何も知らないのに知っていると思うことです。「死はあらゆる善きものの中で最大のものかもしれない」からです（プラトン『ソクラテスの弁明』）。

死について考える時、私はサン＝テグジュペリの次の言葉を思い出します。

「自分に言ってきかせるのだ、他人がやりとげたことは、自分にも必ずできるはずだと」（『人間の土地』）

私が教えている看護学生に、「看護師の国家試験に合格することは容易ではないが、これまで多くの人が合格して看護師になってきたのだから合格できないわけはない」

と、この言葉を紹介しました。

サン＝テグジュペリがいっていることは、死についてもいえるでしょう。先人の誰もが死を経験してきたのだから、いたずらに恐れる必要はない。そう思えるまでには長い時間がかかりましたし、今もなお、心筋梗塞の再発作が起きた時に冷静でいられるという自信はありません。それでも、死をただ怖いものとは思わないようになりました。

社会学者の鶴見和子《つるみかずこ》のことを、妹の内山章子《うちやまあやこ》が紹介しています。

「人は必ず死ぬ。逃げることはできない。ならば受け止めよう——それが姉の思想だった」（『朝日新聞』二〇〇八年七月二五日夕刊）

哲学者である弟の鶴見俊輔《しゅんすけ》とはこんな会話をしています。

「『死ぬっておもしろいことねえ。こんなの初めて』と姉がいい、兄は『そう、人生とは驚くべきものだ』ですって。二人で大笑いしてるの」（前掲）

逃げることはできないものから逃げず、受け止める勇気を持ちたい。その勇気はこれからの人生に向かう姿勢を必ず変えるでしょう。

「共鳴」が気づきを生む

亡き人とどう関われるのか

亡くなった人と生者はどんなふうに関われるのかと、最近よく考えます。

作家の須賀敦子《すがあつこ》は、亡くなった人のことを「いまは霧の向こうの世界に行ってしまった友人たち」といっています（『ミラノ　霧の風景』）。霧の向こうにいる人とは会うことはできません。

娘を亡くした哲学者の森有正は、次のようにいっています。

「死人を呼びかえすことができなければ、自分が死の中に入って行くほかないだろう。どうしてこんな簡単な真理が判らなかったのだろう」（『流れのほとりにて』）

そう考えて、愛する人を追った人はいますが、それが死者と再会する唯一の道ではないでしょう。たしかに、見たり、声を聞いたり、触れたりするという仕方で再会することはできません。それでも、死者と再会する方法が他にないかと考えた時、森が「レゾナンス（共鳴）」について語っていることを思い出しました。

若くして亡くなった私の母は、晩年、シュトルムの『みずうみ』という小説をドイツ語で読んでいました。英語が得意だった母は、私が中学生になったら英語を教えるといっていました。幸か不幸か私はたちまち上達し、母が教えることはなくなってしまいましたが、私が大学生になると、母は私にドイツ語を教えてほしいと言い出しました。

そこで、一通り文法を教えたのですが、その後、母は丹念に辞書を引いて、このシュトルムの小説を読み始めました。なぜ一緒に読まなかったかは今となってはわからないのですが、その頃は私が勉強で忙しくなっていたのでしょう。

母が亡くなってずいぶん経ってから、『みずうみ』を読んでみようと思いました。どんな話なのかは知っていたので、本の内容を知るために読もうとしたわけではありません。その時は、母がこの本のどこに引かれたのか、この本を読んでいた時に母はどんなことを考えていたかを知りたかったのです。このようなことを思い巡らせながら読むのは心躍る経験でした。

母のことを思いながら、『みずうみ』を読んでいた時、私の中に「レゾナンス」が起きていました。

共鳴することで死者と再会する

森は、このレゾナンスについて、次のようにいっています。
「リールケの名は私の中の隠れた部分にレゾナンスを惹き起し、自分が本当に望んでいるものは何であるか、また自分がどんなに遠くそれから離れているかを同時に、また紛らせようもなく明確に、感得させてくれる」（森有正『リールケのレゾナンス』）
リルケという詩人の名前を聞くだけでも、自分の中の隠れた部分にレゾナンスを引き起こすといっているのです。母がおそらくは難儀して『みずうみ』を読み進めていた時に感じたこと、思ったことが、時空を隔てて私の中で共鳴しました。

この共鳴がより直接的であることがあります。何かの折にふと、死者のことを思い出すことがあります。生前その人が語った言葉を思い出すこともあれば、共に過ごした時の感覚を思い出し、その人の存在を強く感じることもあります。

あの時の話はそういう意味だったのかと気づく時には、自分の中に共鳴が起こるのです。以前は気づかなかったのに、なぜ今気づいたのか。自分が死んだ人と振動数が同じになったからです。死者に近づいたということです。

先に森が、「死人を呼びかえすことができなければ、自分が死の中に入って行くほかないだろう」といっているのを見ました。**生者は死の中に入って行かなくても、死者と共鳴すれば、死者を蘇らせ、この世に呼び戻すことができる**のです。

生者であれば話しかけることができますが、死者にはそうすることはできません。しかし、共鳴することで、かつては気づかなかったことに気づくのです。

若い頃、私は自分について低い評価しかできないでいました。ところが、ある日、その時は母が鬼籍に入って何年もしてからのことでしたが、ふと母のことを思いました。母は私がどんな人間であっても、無条件に受け入れていたはずだ、と。これは不意に私を襲った感覚であり、理屈では説明できませんでしたが、今ならレゾナンスが起こったと説明することができます。

韓国の作家、キム・ヨンスのエッセイの中で、彼が文学賞を取った時の話を読みました。韓国戦争参戦勇士である父親が、胸に勲章を下げて授賞式に出席し、「この人は私の息子です」といって自慢したと書いているのを読み、離れて暮らしていた父が、私の家にくる時にはいつも、電車の中で私の本を読んでいたことを思い出しました。

父とは子どもの頃から折り合いが悪かったのですが、父が、キム・ヨンスの父親のように、私のことを周りの人に自慢していたことを後に聞かされました。

両親の私への尊敬が私の中で共鳴し、そのような仕方で私に伝わった尊敬が子どもたちへ、そして、子どもたちから孫たちにも共鳴し伝わればありがたいと思います。

望ましい最期を迎えるために

延命治療を決断する難しさ

歳を重ねると、「どう死ぬか」「どう死にたいか」を考えないわけにはいきません。問題は、このようなことについては自分で決めることができないということです。

もしもの時は延命治療はしなくていいと考え、そのことを家族にも伝えている人は多いように思います。**どう死ぬかは本人の課題**ですから、本人の意思を尊重するというのが正しいと私は考えていますが、実際には難しい時があります。

まず、延命治療を拒否するのはまだ身体の自由が利き、自分で判断できる時ですが、延命治療が必要か判断を迫られる状態になった時には、元気だった時に決めていたことを自分が撤回したいと思ってもできません。

かねて延命治療を拒んでいた人が重体になりました。家族は、本人の意思に反して、人工呼吸器に繋《つな》ぐことに同意しました。感染予防のために、呼吸器の管は定期的に交換しなければなりません。その人は管が外されている数十秒の間、苦しくて早く繋いでくれと、声は出せないので身振りで訴えたそうです。

人間が生きたいという欲求は強いものですから、私はこの人が延命治療に同意した家族に憤慨したとは思いませんし、生きることを選んだ気持ちはよくわかります。

延命治療はしなくていいという時に、自分のことを考えてそういっているわけではないことも問題です。私自身、親の看病や介護が大変だったので、延命治療を拒む気持ちはわかりますが、信仰上の理由や持続的な痛みを回避したいという思いからではなく、家族への迷惑を考えなければならないとしたら、悲しいことです。

本人がどう思おうと、どんな状態でも生き長らえてほしいと思う家族ももちろんありますす。自分が生きることを家族が望んでいないと思うかどうかは、決して自明のことではないのです。

さらに、本人に代わって決断しなければならないのが問題です。医師は人工呼吸器に繋がなければ助からないというでしょうが、家族はたとえ本人の意思を知っていても、治療を打ち切る決定をすることに躊躇《ちゅうちょ》しないわけにはいきません。

穏やかな着地を助ける

アメリカの作家、フィリップ・ロスが脳腫瘍を患った父親の臨終の時のことを書いています（『父の遺産』）。

人工呼吸器に繋ぐ、そうしないと望みはない、と当直の外科医がロスにいいました。父親は延命治療をしないという意思を表明していたので、ロスは迷うことになります。機械を使うことを拒めば、父は苦闘を続けなくていい、でも、どうして私が繋がない決断を下せるだろうか、と。

「私の父の生命、私たちが一度しか知ることができない生命を終えてしまう決断を、どうして私が引き受けられよう？」

ロスは今後訪れるであろう悲惨を思い描き、すべてが見えたと思います。

「それでもなお私は、その一言が言えるようになるまで、長いことそこにじっと座っていなくてはならなかった。身をかがめて父に精一杯近づき、その窪んだ、台なしになった顔に唇をくっつけて、私はようやくささやいた――"Dad, I'm going to have to let you go"（父さん、もう行かせてあげるしかないよ）」

ちょうど私が日記にこの一節を書き写しながら父のことを考えていた時に、父が入所していた施設から、急病でこれから病院に搬送するという連絡がありました。父の意識レベルが低下したというのです。私は急いで深夜に病院に駆けつけました。

当直の医師が、延命治療はどうするかと私にたずねました。そんなことをたずねられるほど父の容体がよくないのかと動揺しました。

父と延命治療について話をしたことは一度もありませんでしたから、私はロスよりも難しい立場にいたといえます。私が自分で判断しなければならなかったからです。私は医師に、「穏やかに着地をする援助をしてほしい」といいました。

その日はもう帰れないかもしれないと思っていましたが、入院することが決まり、少し落ち着いたので、早朝に家に帰ることができました。私はロスが父親にささやいた言葉を思い出しました。そして、私ならきっとこういうだろうと思いました。

——"Dad, I can't let you go."（父さん、あなたを行かせるわけにはいかない）

退院してしばらく経ってから、医師から胃瘻《いろう》を造るかたずねられました。胃瘻で延命すれば、何年も生きることになるが、それはそれで家族がつらい思いをすることになると医師は説明しました。

人工呼吸器や心臓マッサージとは違って、胃瘻は穏やかな着地を助けることになるかもしれないと私は思いました。結局、胃瘻を造る前に父は亡くなったのですが、父に代わってどんな決断を下しても、父はそれを許してくれただろうと、今は思いたいです。

おわりに――あなたは今のままで十分いい

若い頃の自分を振り返ると、他の人と同じであってはいけないと思って生きていました。しかし、ある時そうするのをやめようと決心してから、人生が違って見え始めました。

私が初めてアドラー心理学の講演を聞いた日。講師のオスカー・クリステンセンは、講演の中で「今日、私の話を聞いた人は、今この瞬間から幸福になれる。しかし、そうでない人は、いつまでも幸福になれない」という話をしました。私がその言葉に驚き、同時に反発したことは本文の中で言及しましたが、その日、クリステンセン自身が教師からいわれたという「君は今のままで十分いい」が、この私に向けられた言葉のように思えたのです。

クリステンセンは、ある時、二十枚ものレポートを書いて教師に提出しました。ちなみにそのレポートは二枚書けばよかったのです。

翌日、クリステンセンは教師に呼び出されました。

「なぜ君はこのレポートを書いたのかね」

「課題のテーマに非常に興味を覚えたからです」

「いや、それは違う。君はただ私に自分を印象づけようとしただけだ」

教師はクリステンセンが自分をよく見せ、他の学生とは違うことを教師に印象づけようとしていることを見抜いていました。そして、先に引いた言葉をいったのです。

「そんなことをしなくてもいいのだ。君は今のままで十分いいのだから」

私はこの話を聞いて、人からよく見られたいと思うのをやめました。


それから十数年後、私は大きな病気で倒れました。あると思っていた未来がなくなりました。

私は病床で、マケドニアのアレクサンドロス大王が、ディオゲネスの元にやってきた時の話を思い出しました。ディオゲネスはソクラテスの流れを汲むギリシアの哲学者です。

ディオゲネスは生活上の必要を最小限に切り詰め、自足した生活を送っていました。アレクサンドロスがマケドニア王に即位後、ペルシア征伐の全権将軍になった時、多くの政治家や哲学者が彼のところに祝いに行きましたが、ディオゲネスだけはアレクサンドロスのことなどまったく意に介さず、閑暇を悠々と過ごしていました。不思議に思った王は、自らコリントス（ギリシアの都市）にいたディオゲネスの元へ足を運びました。

ディオゲネスは日向ぼっこをしていました。ディオゲネスは少し身を起こし、突然物々しく武装した兵士たちと共にやってきたアレクサンドロスをじっと見据えました。アレクサンドロスは挨拶をして、ディオゲネスにこうたずねました。

「何かほしいものはないか」

王とはいえ、二十歳そこそこの若いアレクサンドロスが、七十歳にもなろうとするディオゲネスに「何かほしいものはないか」というのは、ずいぶん無礼な話ですが、おそらくディオゲネスは怒りもせず、ただこういいました。

「その日の当たるところから少しばかりどいてくれないか」

ディオゲネスの誇りと偉大さに感服し、「もしも私がアレクサンドロスでなかったら、ディオゲネスでありたかった」と語ったと伝えられています。

片や大帝国の王、片や何も持たない哲学者。アレクサンドロスは、襤褸《ぼろ》を纏《まと》った権威をものともしないディオゲネスに驚嘆し、こんなふうに話したのではないかと病床で私は想像しました。

「私もあなたのようになりたい」

「なれるとも、『今、ここ』で」

「いや、そういうわけにはいかない。これからアジアに遠征しなければいけない」

「やめればいいではないか」

そうだ、王であるのをやめればいいのだ。ディオゲネスを見て、アレクサンドロスはそう思ったかもしれません。結局、王は二度とギリシアの地を踏むことなく、三十二歳の若さで急逝しました。今も多くの人が成功を求めて、「今、ここ」にある幸福を見失っています。

本書は、月刊『清流』に三年にわたって連載したエッセイをまとめたものです。原稿の締切は毎月十日頃なのですが、今月は何を書こうかと思いを巡らし、ひと月の間にあったことや考えたことを思い出しながら一生懸命書きました。おかげで、うかうか生きるのでなく、真剣に生きることができたように思います。

毎回、編集者の舘野竜一さんが私の書いた原稿を丹念に読み、的確な指摘をしてくださいました。単行本としてまとめる時もひと方ならぬお世話になりました。ありがとうございました。

二〇一九年四月

岸見一郎

本書は、月刊『清流』の連載「よく生きるココロエ」（二〇一六年一月号～二〇一八年一二月号）に加筆・修正したものです。

【参考文献】

Burnet, J. ed. *Platonis Opera*, 5vols., Oxford University Press, 1899-1906.
Fromm, Erich. *To Have or to Be?* HarperCollins, 1976.
アドラー、アルフレッド『生きる意味を求めて』岸見一郎訳、アルテ、二〇〇八年
アドラー、アルフレッド『教育困難な子どもたち』岸見一郎訳、アルテ、二〇〇八年
アドラー、アルフレッド『人間知の心理学』岸見一郎訳、アルテ、二〇〇八年
アドラー、アルフレッド『性格の心理学』岸見一郎訳、アルテ、二〇〇九年
アドラー、アルフレッド『人生の意味の心理学（上）』岸見一郎訳、アルテ、二〇一〇年
アドラー、アルフレッド『人生の意味の心理学（下）』岸見一郎訳、アルテ、二〇一〇年
アドラー、アルフレッド『個人心理学講義』岸見一郎訳、アルテ、二〇一二年
アドラー、アルフレッド『子どもの教育』岸見一郎訳、アルテ、二〇一四年
アドラー、アルフレッド『人はなぜ神経症になるのか』岸見一郎訳、アルテ、二〇一四年
伊藤整『若い詩人の肖像』新潮社、一九五八年
内村鑑三『後世への最大遺物・デンマルク国の話』岩波書店、一九七六年
金子光晴『ねむれ巴里』中央公論社、一九七六年
岸見一郎『アドラー心理学入門』ＫＫベストセラーズ、一九九九年
岸見一郎『不幸の心理 幸福の哲学』唯学書房、二〇〇三年
岸見一郎『アドラー 人生を生き抜く心理学』ＮＨＫ出版、二〇一〇年
岸見一郎『よく生きるということ』唯学書房、二〇一二年
岸見一郎『アドラー心理学実践入門』ＫＫベストセラーズ、二〇一四年
岸見一郎『生きづらさからの脱却』筑摩書房、二〇一五年
岸見一郎『幸福の哲学』講談社、二〇一七年
岸見一郎『プラトン ソクラテスの弁明』ＫＡＤＯＫＡＷＡ、二〇一八年

岸見一郎、古賀健史『嫌われる勇気』ダイヤモンド社、二〇一三年
岸見一郎、古賀健史『幸せになる勇気』ダイヤモンド社、二〇一六年
ギトン、ジャン『私の哲学的遺言』二川佳巳訳、新評論、一九九九年
クリシュナムルティ『子供たちとの対話』藤仲孝司訳、平河出版社、一九九二年
サン＝テグジュペリ『人間の土地』堀口大學訳、新潮社、一九五五年
重松清『その日のまえに』文藝春秋、二〇〇八年
須賀敦子『ミラノ 霧の風景』白水社、一九九〇年
ソポクレス『オイディプス王』藤沢令夫訳、岩波書店、一九六七年
高山文彦『父を葬《おく》る』幻戯書房、二〇〇九年
多田富雄『寡黙なる巨人』集英社、二〇〇七年
辻邦生『海そして変容 パリの手記Ｉ』河出書房新社、一九八四年
辻邦生『言葉の箱』中央公論新社、二〇〇四年
ドストエフスキー『白痴』木村浩訳、新潮社、一九七〇年
ドストエフスキー『未成年』米川正夫訳、岩波書店、一九七六年
林京子『被爆を生きて』岩波書店、二〇一一年
フロム、エーリッヒ『愛するということ』鈴木晶訳、紀伊國屋書店、一九九一年
三木清『語られざる哲学』（『三木清全集 第十八巻』岩波書店、一九六八年所収）
三木清『人生論ノート』新潮社、一九七八年
森有正『流れのほとりにて』（『森有正全集１』筑摩書房、一九七八年所収）
森有正『リールケのレゾナンス』（『森有正全集４』筑摩書房、一九七八年所収）
森有正『日記』（『森有正全集13』筑摩書房、一九八一年所収）
湯本香樹実『岸辺の旅』文藝春秋、二〇一〇年
ロス、フィリップ『父の遺産』柴田元幸訳、集英社、一九九三年

岸見一郎
きしみ・いちろう

1956年、京都府生まれ。哲学者。日本アドラー心理学会認定カウンセラー。京都大学大学院文学研究科博士課程満期退学（西洋哲学史専攻）。専門はギリシア哲学、アドラー心理学。主な著書に『嫌われる勇気』『幸せになる勇気』（以上、古賀史健氏と共著、ダイヤモンド社）、『老いる勇気』（PHP研究所）、『プラトン ソクラテスの弁明』（KADOKAWA）、『幸福の哲学』（講談社）、『よく生きるために働くということ』（KKベストセラーズ）など多数。

「今、ここ」にある幸福

2019年6月27日　初版第1刷発行

著者　岸見一郎

発行者　藤木健太郎

発行所　清流出版株式会社

〒101-0051

東京都千代田区神田神保町3-7-1

電話　03-3288-5405

編集担当　松原淑子

http://www.seiryupub.co.jp/

印刷・製本　図書印刷株式会社

乱丁・落丁本はお取替えします。

ISBN 978-4-86029-486-1